海上繁花落

民国女子的爱与婚姻

一翎 著

浙江大学出版社
ZHEJIANG UNIVERSITY PRESS

人的一生会遇到两个人　一个惊艳了时光　一个温柔了岁月

序

男人留名，大多因丰功伟绩。

女人留名，大多因与扬名的男人有纠葛。

这些女人，大都别致新奇，或美色倾国、或才情出众，又或离经叛道、或巾帼不让须眉……而她们共有的魅力在于"敢爱敢恨，活出自我"。

也许，这是我们每个人都向往的人生境界。

"以人为镜，可以知得失。"

"照花前后镜，花面交相映。"

当哲理与诗意交融，当梦幻与现实映衬，民国那些生逢乱世却凸显芳名的女子，以她们独特而传奇的人生，谱写爱与恨的异彩华章，如繁花绽放在我们的面前。那些交织着爱与恨、执着和挣扎的凄艳史事，是值得我们边看边悟的风景。

无论生逢乱世，还是和平年代，每个女人人生的主题都是爱与婚姻，只是，这世间少有圆满的爱，更少有幸福的婚姻。因为，或许我们自己也说不清道不明，怎样的爱才算圆满，怎样的婚姻才是幸福。

没有一个统一的标准，便没有绝对公正的评判。

但这并不阻碍我们对真爱的幻想、向往和追寻，因为，与生俱来，爱已融入我们的骨血，成为一种本能。有爱的人生才是无憾的，无论这爱是细水长流，还是惊涛骇浪，经历了，才会不枉此生。

　　每个人都有自己真爱的解读和关于幸福婚姻的定位,标准因人而异,评判也随运而生,能在投入爱、步入婚姻时细致地明白自己的渴求,是聪慧的女人。

　　只是,爱与婚姻,看似如胶似漆的两者,却常会背道而驰。

　　爱得真切、热烈的,携手婚姻后,风景却日益变得迥异者比比皆是,昔日最最缠绵的两个人,莫名其妙地变得针锋相对,爱情的温度以难以抵挡的速度降到零下,冰冻了所有关于爱与婚姻的憧憬,梦想在残酷的现实中磨砺得千疮百孔;相反的情况也是有的,婚前爱得淡定的两个人,婚后却渐入佳境,以至水乳交融不分你我……

　　爱,是最擅做梦的幻想家。

　　婚姻,是最擅变脸的魔术师。

　　我们无法操纵它们,即便当时,我们以为我们是主角,手里握着主动权。

　　看别人的情事,是读无关紧要的故事,爱与婚姻,或者两全齐美、或者逆道而行。成全的喜悦、残缺的痛楚,全都云淡风轻,我们喟叹,我们感慨,随着离合悲欢陪着微笑,或潸然落泪,合上书,那些情事也便戛然而止。

　　可是,我们心中关于爱与婚姻的解读从未停止。

　　那从文字里飘出来的感悟悄然潜入人心,像阳光雨露般滋润着我们心中爱的芽苗,让它增枝长叶,花枝繁荣,再面对爱,再选择婚姻,似乎便多了一份从容。

　　我们都该坚信,这世上有真爱,值得让人至死不渝;也有幸福的婚姻,值得让人终生守护。

　　不去尝试,永远不会得偿所愿。

　　那些意乱情迷的悸动,那些执迷不悟的坚持,那些九曲回肠的牵念,那些患得患失的彷徨……关于爱的风景如此斑斓多彩,无论有没有婚姻来收藏、成全或更改,经历过,人生的回忆就不会苍白虚无。

没有勇气爱的人是可怜复可恨的。

有生之年,短暂如白驹过隙,青春更如转瞬即逝的烟花,需要极致的绽放。所以,如果你心中有爱,一定要说。

像陆小曼一样义无反顾,或者像林徽因一样沉着淡定……或者,像张爱玲一样,明知是错的,也低下去,从尘埃里开出花来。

"你若安好,便是晴天。"

"因为懂得,所以慈悲。"

……

爱的路,一帆风顺也好,山重水复也罢,心想事成固然值得庆幸,柳暗花明更值得回味;婚姻的梦,花好月圆也好,支离破碎也罢,浮生一梦,还需坦然。

她们,我们,原本没什么不同。

某天,最好是细雨迷蒙的良辰,静坐花间,细细翻读她们的故事,入迷时,不由自主置换了角色,你成了陆小曼,与那个"挥挥衣袖,不带走一片云彩"的诗人两情相悦;你也可以变成小凤仙,为威武的将军蔡锷变成铿锵玫瑰……

骤雨初歇时,杨柳岸晓风残月,回眸间,你似已经历了几世轮回,她们的故事,便成了你的故事;她们的风情,便成了你的妩媚;她们的感悟,也便成就了你的丰盈……而你,再面对爱或婚姻,再面对人生的种种选择,会比她们更明智。

海上繁花落,朵朵繁花,随波而来……

目　录

因为懂得,所以慈悲—— 将错就错张爱玲

执子之手,与子偕老——生死相许赵一荻

名利淡泊,真爱是金——戏假情真孟小冬

男子爱后妇,女子爱前夫——电影皇后胡蝶

伤心是一种说不出的痛——隐世独居陈洁如

爱,也可以巾帼不让须眉——督军夫人董竹君

一场艳遇,一世情长——铿锵玫瑰小凤仙

后记·爱过知情重

面包 与 孰重孰轻
爱情

多情余恨
陆小曼

陆家有女初长成

大凡长成后才色双绝的女子,都有异乎寻常的成长经历:或是出身寒门,坎坷多劫,饱经磨难后锻炼出坚韧的意志,在柔弱美丽的外表下藏匿起强悍的灵魂,慢慢学会冷眼处世,旁观人生百态,举手投足从容淡定,漫溢出无限风情;或是出身富贵,在得天独厚的优越家庭熏陶滋养下,才学精进,文情卓就,如果本来聪慧机敏,再加上后天勤勉刻苦,想不出众都难。

这两种境遇里出落的佳人,前者的气质风度多内敛沉静,后者多轻狂张扬;前者易多愁善感,后者易无所用心。这样看来,陆小曼无疑属于后者。

她生性聪慧,十六七岁的时候,就已经熟练掌握了英、法两国语言,琴棋书画无所不通,写得一手好文章,吹拉弹唱样样精通。

"腹有诗书气自华。"才情上的渊博潜移默化地熏染了卓绝的气质,让陆小曼这个天生的美人胚子有了更多动人之处。

于是,她自然而然在众星捧月中有了矜持骄傲的资本,可以冷眼淡然,泛泛众生围着她献殷勤而不屑一顾。

生逢吉时吉地的陆小曼备受命运的垂青,时年 18 岁,正值花季灿漫的时节,北洋政府外交总长顾维钧要圣心学堂推荐一名精通英语、法语,年轻貌美的姑娘去外交部参加接待外国使节的工作,就读于圣心学堂的陆小曼成为当然之选。

接待外宾、参加外交部举办的舞会、担任中外人员的口语翻译,多才多艺、仪态万方的陆小曼如鱼得水,她能诗善画,能歌善舞,个性又热情大方,每每微笑起来,眉眼精致的脸庞更加明艳照人,这样的她,如蓄势已久的花苞,轰轰烈烈绽放开,一时间备受瞩目,轻易便闻名于北京社交界。

"江山代有才人出,各领风骚数百年。"时光的长河中,日月轮回,沧海桑田,更替的不只是朝代,更是英雄美人。

陆小曼所处的时代,正是风云变幻、激流暗涌的时代,中国大地正发生着天翻地覆的变化。一方面,封建残余思想冥顽不灵;另一方面,西方先进思想文化潮流的冲击力日益增强,陆小曼在一群缩手缩脚、懵懂无知的女人间,显得那样卓尔不群。

她敏锐,能灵活发挥所长;她机智,能巧妙应对挑衅;她擅媚,能广泛博取好感。她亦庄亦谐,锦心绣口,每每以伶牙俐齿击败自视过高的外国来使。

这样的陆小曼是热烈蓬勃、精灵可爱的,一时粉丝如潮,文人才子趋之若鹜。

家里有如此抢手的女儿,陆家自然就把光耀门楣的希望寄托在了陆小曼的婚事上,极力想把女儿嫁给一个有权有势的男人。

于是,陆小曼的婚事被提上家庭重点议程,被紧锣密鼓地张罗开了。

婚前,没有女人不做梦。

梦想另一半既才貌双全、财大气粗,又体贴入微、浪漫温柔,梦想他懂得怜香惜玉,一生一世,朝朝暮暮,甜美圆满,一起慢慢变老。

陆小曼也不例外。面包和爱情,两全齐美,多好?

所以,陆小曼稳坐中闺,俊男贤郎如过眼千帆,她与家人逐一筛选,郑重其事如兵临城下……眼下能做主选择,一定要睁大了眼睛,方方面面考虑周全,才能防患于未然。

可惜,婚姻有时如金玉其外、败絮其中的魔障,任谁都揣测不透,筛选时再用心良苦,也保不定日后就能称心如意——眼前幸福不能保证日后美满,眼前花好月圆不能保证来日两情相悦。

婚姻似乎有一种神奇的魔力,原本情深意浓的两个人常会变得水火不容,原本针锋相对的两个人又常会如胶似漆。

但,好的开端是成功的一半。几乎所有人都从这样的出发点去构思婚姻。

留洋八年,既有文学修养又有西点军校背景的王赓在众多候选人当中占尽优势。他毕业于清华,后赴美留学,获普林斯顿大学文学学士学位,可谓是不可多得的人才。陆小曼的父母以前瞻的目光认定,王赓前途不可限量,能带给女儿幸福,能让陆家光宗耀祖。

慧眼识英雄,事实不断验证着陆家父母的精准判断。1918年秋,王赓任航空局委员;1921年为陆军上校;1923年任交通部护路军副司令,同年晋升陆军少将;1924年底又任哈尔滨警察厅厅长。短短六年时间,王赓由一般青年,步步高升,当真是前程似锦。

于是,陆家便有些迫不及待地答应了王赓的求婚,从订婚到结婚不到一个月,陆小曼与王赓闪电结婚。

一个月,即使是一见钟情,这样了结终身大事,也过于草率。何况,陆小曼对王赓,并没有一见钟情的心动。

陆家父母和现在的很多父母一样,一厢情愿地为女儿规划美好的未来,把女儿的幸福度与男方的权势搭成正比,这并没错,问题是他们不了解他们的女儿。

从来没有忍受过窘迫生活的女人,对优越的生活并没有殷切的期望,长久的养尊处优养就了陆小曼心高气傲的品性,她更看重于精神上的满足。可惜,这"不务实际"的想法在父母那里行不通,他们只相信夫荣妻贵。

父母之命,媒妁之言,陆小曼如一个被摆布的木偶,和与她性格

王赓

迥异的王赓结婚了。

表面上绅士与淑女的良配,实际上,只是一场交易。

极富自信和野心的王赓需要一位娘家财力雄厚、社交网路广博的太太来帮助开拓事业,而陆家需要一位将来能给女儿带来荣华富贵生活、为陆家锦上添花的女婿,大家利益均等,一拍即合。

建立在爱情上的婚姻尚且难以美满,何况是建立在利益上的?

没有人去理会这些,或者,知道理会也于事无补,所以,大家都难得糊涂地过日子——婚姻本身就是一笔糊涂账。

面包与爱情，孰重孰轻

陆小曼的婚礼由财大气粗的陆家安排，场面阔绰，仪式浩大，轰动京城。据记载，"光女傧相就有九位之多，除曹汝霖的女儿、章宗祥的女儿、叶恭绰的女儿、赵椿年的女儿外，还有英国小姐数位。这些小姐的衣服，也都由陆家订制。婚礼的当天，中外来宾数百人，几乎把'海军联欢社'的大门给挤破了。"由此可见，婚礼当场，确实是热闹的。

演戏的，看戏的，济济一堂。

喜庆地登场，落魄地谢幕。天下有多少婚姻离脱了这样的谶咒？

美梦未醒，还是要继续做下去的。

19 岁的陆小曼就这样风风光光地嫁给了王赓。作为一个女人，婚姻是人生中的休止符，先前出头露面、张扬个性的女子结了婚就得收敛锋芒，由一个无所顾忌的自由人变成一个应该遵守清规戒律的家庭妇女。

从此，应该尽力做贤妻良母，相夫教子，做贤德的女人。

学，是不要再上了；外交部的事，也不能做了。如果陆小曼还像从前那样抛头露面、招蜂引蝶，王赓的面子朝哪里搁？有本事男人的妻子，比没本事男人的妻子更有约束。乖乖在家里清闲着，然后生儿育女，大门不出二门不迈，陆小曼看似别无选择。

可是，蜜月还没度完，新郎王赓就离家就职去了，陆小曼还没从对婚姻的憧憬中回过神儿来，已经沦入闺中怨妇的行列。

这样的婚姻，成了陆小曼的牢笼。

如果陆小曼是个安分守己的人，这样的婚姻当然是好的，衣食无忧、安逸静好，可惜，接受了西式教育的陆小曼，满脑子不是三从四德，而是自由自我，她婚前涉足交际界多年，过惯了犬马声色的生活，再让她待在家里做贤妻良母，无疑是强她所难。

世上事不如意十有八九。

这似乎是条颠扑不破的真理：鱼和熊掌难兼得、忠孝难两全、江山美人难齐美……而在面包和爱情敌死我活的战争中，陆小曼再次充满激情地沦为炮灰。

这真是个让人伤心的故事。

爱情会有的，面包会有的——既能夫妻恩爱甜蜜美满，又能养尊处优、挥金如土，这理想而完美的生活几乎是每个女人向往的，可惜，梦想对现实微笑，现实却总让梦想哭泣。

对于陆小曼来说，前夫王赓是名副其实的"面包"，包吃包住，可以让她衣食无忧，可悲的是，这位上进的青年事业心太强，常常让她独守空房。天生丽质难自弃，不甘寂寞的陆小曼在望眼欲穿的等待中渐渐心灰意冷，坐愁红颜老的折磨让她情郁于中而不得发。

这时，善于倾听的多情诗人徐志摩及时地出现了。

诗人徐志摩不但拥有出色的才华、外表和风度，还那样细致温柔、浪漫多情，这些容易让女人意乱情迷的所在他似乎全都具备了，于是，极端苦闷中的陆小曼如抓住了婚姻与爱情中的救命稻草，急切地攀附而上，想要摆脱水深火热如桎梏般的生活，幻想新的爱情能给她美满的婚姻。

前车之鉴，后事之师。

这至理放在爱情婚姻里是否同样行得通？第一段婚姻失败了，陆小曼痛定思痛，认定她与王赓的死穴在于两人性格迥异、志不同道不合，王赓不解风情，因公废私，不适合做她的丈夫。而看起来几乎完美的徐志摩似乎弥补了王赓的所有缺憾，让她如死灰般的青春蓬勃狂热地复燃了。

徐志摩

　　这第二次的选择总该幸福了吧！

　　事实证明，女人在爱情上越挫越勇并非好事，因为，更容易陷于惶恐和盲目之中。都说恋爱中的女人智商等于零，激情燃烧的陆小曼完全忽略了徐志摩的不足——他曾是有妇之夫。

　　这便牵涉到另一个女人的伤心事了，那个既贤惠又能干的女人叫张幼仪，徐志摩的前妻。

　　不知道当时陆小曼知不知道张幼仪的遭遇——自己的丈夫在外面招蜂引蝶，斗志昂扬地追求订有婚约的林徽因，她却只会忍气吞声，忍到最后并没能唤回丈夫的良知，反而被徐诗人赐予一纸休书送回娘家了。

　　多情，必薄情。

　　只是，但凡女子，都一厢情愿地认定，自己会让那个多情到薄情的男人从此心如止水、情有独钟。所以，陆小曼对徐志摩视若珍宝，一朝得见,立马干柴烈火喜相逢,迅速由星星之火烧成燎原之势。

　　如果,当时,做为陆小曼夫君的王赓有那么一点点细心,及早发现陆小曼的寂寞和异动,多抽时间陪陪娇妻,排除外来干扰,或许还能让陆小曼悬崖勒马。可王赓没这么干,而是以常人难以理解的豪放大方,主动让闯入民宅的徐志摩去陪陆小曼玩,他干嘛去了?他专注于工作和前途呢,没空!

　　这样说来,陆小曼的出轨,根本是王赓一手造成的。

　　以工作、前途为借口,视家庭责任于不顾的男人大有人在,这样的男人看似上进且无辜,实际上最可恨,他们自私自利到恬不知耻的地步。男人追求事业没错,也没必要非把事业与家庭对立吧,一定顾此失彼的话,结婚干嘛?

　　所以,很多时候人们把愤怒的矛头指向那些红杏出墙的女人,并非全有理。女人出墙前,当丈夫的干嘛去了?要么你负责点儿付出爱心圈个篱笆,要么发现敌情时及时修剪老婆蠢蠢欲动的花枝,你要是跟王赓似的,先让老婆寂寞到要死要活的地步,又放任她跟一个醉翁之意不在酒的哥们友好相处,不出事儿才怪!出了事儿了,怪谁?就算没有徐志摩及时来勾引,换了别的有点才情的男人,恐怕小曼同学同样刹不住车。

　　大家一起坏吧,坏得很开心,开心到最后,三败俱伤。

　　不过,常有人说,"重要的不是结果,而是过程"。这睁着眼说的瞎话之所以大行其道,完全是那些准备以飞蛾扑火的姿态堕落、沉迷的男女们自我宽恕的借口。因为他们无法遏制变坏的欲望,因为,变坏的过程是那么的诗意浪漫、惊心动魄,令人回肠荡气又留恋忘返。

　　大凡女人动心,要么因财,要么因貌,要么因才,还有一样,常被忽略却也是最重要的,那就是心。说女人势利,实在是不了解女人的说辞,但凡女人,大都是为爱而来的,若有男子倾心相付、体贴入微,而且又恰恰体贴到女人的心坎里去了,其他的,女人便不多计较了。特别是天生聪慧、后天清傲的女人,像陆小曼,更在意情感上的得失。徐志摩虽然比不得王赓有财,但其他三样,自然比王赓要胜出许多。徐志摩才华横溢,又善于投其所好,更重要的,他了解美人最想要的是什么,他了解她的寂寞,所以不惜时的相陪相伴;他了解她的喜恶,所以舍弃自己的喜恶迎合她;他了解她的爱憎,所以心甘情愿做她梦想中的男子,温柔、痴情、体贴、博学、动静相宜。

徐志摩以心相恤,很快让陆小曼甜蜜地迷茫了,"这才是我心目中的理想伴侣。可是,我们相识在不该相识的时候。"她伤感复憧憬地想。

在对的时间遇到错的人,在错的时间遇见对的人,都是爱情的殇,可是,谁又知道,对与错衡量的标准又是什么呢?只不过是一时的感觉,斯时、斯地、斯人,杨花落、桃花红,绿了芭蕉,红了樱桃,此一时彼一时,爱与不爱,本是这世上最易变的事。而女人的爱,却总与相伴、被赞美、被关爱分不开的,这些,是爱的空气,徐志摩给了被生活窒息的陆小曼以新鲜的空气,那被压抑着的爱,便一发不可收拾地蓬勃起来。

爱与面包,孰重孰轻?

对于陆小曼来说,此时,爱重。

为爱而脱茧重生

忙碌的王赓即使后知后觉,但他终究还是发觉了妻子陆小曼的反常,可悲的是这位仁兄不是反思自己没有尽到为人夫的责任,而是采取了极端的方法来限制陆小曼的人身自由。他要求陆小曼不得单独出门,甚至陆小曼与好友有约也不行。

那一天,小曼的好友唐瑛约她出去,小曼刚要上车,正巧王赓的车驶到家门口,一看小曼不听他的话,当即气得脸色通红,在众目睽睽之下,大声责骂:"你是不是人,说定了的话不算数。"场面一时尴尬至极,宾客们面面相觑后,悄然退却,颜面扫地的陆小曼委屈极了,却被理直气壮的王赓强行拉进家里去,又狠狠数落了一顿。陆小曼又气又恨,萌生了和王赓离婚的念头。

这个时候,气恼的王赓对陆小曼和徐志摩充满了怨恨,他想不明白,像他这样勤恳上进的人,怎么会娶了这么个水性杨花的女人,又怎么会有徐志摩那么一个不讲仁义不顾廉耻的朋友。想当初,他对徐志摩是何等信任,毫无戒心的他正在批改公文或手不释卷公务缠身的时候,他会头也不抬地对前来拜访的徐志摩说:"志摩,我忙,叫小曼陪你去玩吧!"若小曼想出去玩,而志摩又恰巧在跟前,王赓又会对小曼说:"我没空,让志摩陪你去玩吧!"那时,他怎么也没想到自己娇美的妻子和看似磊落的徐志摩会背叛他。

看来,老婆还是自己看着比较保险。总结了经验教训后,要去上海就职的王赓决定要把小曼带在身边。可这时的陆小曼已经对徐志摩用情至深,怎么也不愿意跟着王赓同去上海,为此,两个人不可避免地大吵起来,王赓怒火中烧,口不择言,摔门而去,气得陆小曼痛哭失声,大病一场。

当两个人不再相爱,婚姻就成了牢笼,充斥着争吵、憎恶、眼泪与伤害,变得不堪一击。

没有谁对谁错,谁都有辩白的理由,但无论怎样辩白,这时的婚姻终究都是错。

徐志摩、陆小曼在花园中游玩

世上的事总是这样奇怪，徐志摩明明是破坏人家婚姻的第三者，这时反而以救世主的姿态，对陆小曼慷慨陈词："曼，我已经决定了，跳入油锅，上火焰山，我也得把我爱你洁净的灵魂与洁净的身子拉出来。我不敢说，我有力量救你，救你就是救我自己，力量是在爱里；再不容迟疑，爱，动手吧！"

陆小曼有徐志摩这般大力支持，铁了心跟王赓分道扬镳，王赓再催她去上海，她干脆以命相抵："一定要逼我去的话，我立刻就死，反正去也是死，不过也许可以慢点，那何不痛快点现在就死了呢？"这样的绝决，把一直反对陆小曼离婚的父母吓得不轻，再不敢逼迫她了。

等徐志摩从欧洲赶回北京时，陆小曼还没去上海，虽然阻力重重，两个人还是创造一切机会秘密约会，苦中偷乐。

婚姻是一条船，需要夫妻两个人同心协力往前划，若是其中的一个搞错了方向或是分了心，拼了力气把劲儿往外使，那这条船就无法顺利前行，最终只会被生活的风雨残忍地摧毁。

陆小曼对这样的婚姻已经毫无留恋之情,她竭力想摆脱它的束缚,幻想自己如一只美丽的蝴蝶破茧而出,拥有更自由、更广阔、更快乐的天地,而这天地,她一厢情愿地以为,只有徐志摩能给她!

偷情终究约束太多,徐志摩和陆小曼已经受不了这样的煎熬了,于是,徐志摩去找刘海粟——上海美术专科学校校长,也是个为了逃离封建婚姻而离开家庭的有志青年,徐志摩相信刘海粟必然能够体谅他的苦境。

果然,刘海粟耐不住徐志摩的苦苦哀求,决定做个和事佬。

刘海粟这和事佬煞费苦心,计划周详,他先去找陆小曼的母亲,以自己的经历旁征博引,向陆小曼的母亲吴曼华讲述不幸婚姻的种种弊端,头头是道地分析,添油加醋地渲染。心疼女儿的吴曼华不再反对女儿离婚了,既然徐志摩能给女儿幸福,她为什么要阻拦呢?

得到了母亲的支持,陆小曼喜出望外,她和徐志摩甜蜜地憧憬着未来,以为他们的苦日子熬到头儿了,幸福甜美的生活就在眼前。

为了这美好的憧憬,徐志摩和刘海粟一合计,决定出奇制胜,让王赓在措手不及的情况下,同意与陆小曼离婚。

这天,正是1925年9月初秋时节里一个闷热的日子,傍晚时分,在上海的功德林饭店里,刘海粟做东宴请宾朋,包括时任孙传芳五省联军总司令的王赓。

应该说,这时的陆小曼若悬崖勒马,有心维护家庭,与丈夫同心同德,再往后生个一儿半女,这段婚姻未尝不会圆满。可惜,陆小曼去意已决,一心扑在徐志摩身上,扑在对未来虚幻的构想中,恨不得立刻离弃王赓。

王赓身高位重,也曾受过良好的西方教育,当他意识到这段婚姻已经不值得挽回时,他选择了有风度地放弃。

酒过三巡,当刘海粟站起来含沙射影地暗示王赓时,王赓已经释然。刘海粟先从自己逃婚后过上了幸福的生活说起,然后谈到悲剧的婚姻是因为夫妻两人感情失和,强调没有爱情的婚姻是违背道德的。话说到这份儿上了,如果王赓再不同意离婚,就成了违背道德的人了,这听起来多么的强词夺理啊,如果换了旁人,或许会掀翻桌子大闹一场,可王赓却款款地站起来,出人意外地说敬酒词——"愿我们都为自己创造幸福,也为别人的幸福干杯。"然后,他推说自己有事,先行离开了。

强扭的瓜不甜,既然人家陆小曼的心不在他身上,他也懒得为她费心思了。

以后的两个月里,王赓既没明确同意离婚,也很少跟陆小曼讲话,他用忙碌来打发时间。

陆小曼的婚姻,处在了冷战的阶段。

陆小曼的耐心在这样的煎熬中一点点消磨尽净,变得萎靡不振,这时的她,仍然一门心思地想着怎么离婚,对王赓只有一腔怨愤,连最起码的体恤也没有。

看似平静实则纠结的王赓终于做出了决定,他主动找陆小曼摊牌:"我祝福你和志摩以后能得到幸福,手续我会在几天后办好。"说这话时,素日脾气有些暴躁的王赓十分平静,陆小曼却哭了。

人就是这么奇怪,当你拥有时,你看到的总是对方的缺点,可当你要失去时,就会忽然记起对方的许多好处来,而有了依依不舍之情。毕竟王赓除了忙于工作之外,其他方面是无可挑剔的,他是个有责任、有担当的男人,也是不可多得的人才,这样的丈夫真的要舍弃吗?陆小曼矛盾重重。

王赓同意离婚后不久,因为工作上的失误,被派来调查的人关押

陆
小
曼

了起来,他是在狱中签下了离婚协议。

陆小曼对王赓的确是绝情绝意的。

当丈夫身陷囹圄,她的犹豫便变成了绝决,她是不肯与丈夫同甘共苦的,所以即使是让律师找到狱中去,也一定要尽快把这离婚协议签了。

这就是一日夫妻百日恩? 想来,悲凉。

悲凉也就算了,反正这婚是成功地离成了,可陆小曼万万没想到,还没来得及高兴,命运悲惨地摆了她一道——她怀孕了。

婚姻没了,孩子便成了一个矛盾的存在,对前夫王赓而言,这孩子来得不是时候,对徐志摩来说,这孩子根本就是多余的,陆小曼左右为难之后,只好堕胎。

女人这一生,注定是要为生育这一关受累的,男人的情爱来去轻松,女人的肚子却不允许主人太过放纵,它总是出其不意地闹点儿事儿出来,对主人进行警告或惩罚。堕胎对身体的危害是不言而喻的,即便是成功的手术。陆小曼偷偷带着贴身侍女找了一个德国私人诊所,秘密做了堕胎手术,对外,她谎称身体不好去休养一段时间。

她不想让王赓知道,也不想让徐志摩知道,她想把这件事彻底地埋葬,成全自己的完美,掩饰本就残缺不堪的婚姻。

可惜,本来身子就弱的陆小曼,手术时大出血,虽然打胎勉强完成,她却从此丧失了生育能力,还患了严重的妇科疾病。

惨痛过去,一段婚姻成为过往,站在历史与未来的交接点,身心俱疲的陆小曼强打精神,她还拥有爱情,拥有徐志摩这样多才多情体贴温柔的情郎,未来,似乎应该美满,她应该告别过去,成就未来,没什么可沮丧的!

脱茧而出的陆小曼真的可以展开自由快乐的翅膀,在命运的风雨中翩然飞舞,舞出幸福的人生吗?谁能知道?

新婚之痛

对于婚姻,陆小曼的好友凌叔华看得透彻,这个有着良好家世和出色才学的女子一针见血地说:"男女的爱一旦成熟结为夫妇,就会慢慢地变成怨偶的,夫妻间没有真爱可言,倒是朋友的爱较能长久。"

对凌叔华的奉劝,陆小曼不以为意,她与同样浪漫唯美的徐志摩一起,选了一个良辰吉日,踌躇满志地举行了订婚仪式。

那一天,是1926年农历七月初七,传说中牛郎织女鹊桥相会的日子。

　　纤云弄巧,飞星传恨,银汉迢迢暗渡。金风玉露一相逢,便胜却人间无数。柔情似水,佳期如梦,忍顾鹊桥归路。两情若是久长时,又岂在朝朝暮暮。

　　可惜,佳期虽好,两情虽悦,但,两情若是长久时,真的不能朝朝暮暮。

　　距离,现实,总是残忍地剥离梦幻华美的外衣,把唯美的梦摧残得千疮百孔。

　　陆小曼和徐志摩历经磨难,一朝牵手,达成夙愿,可是,这是一段少有人祝福的结合。

　　一边,陆小曼的母亲吴曼华对徐志摩很是不满。相比殷勤孝敬的王赓,徐志摩除了会哄陆小曼开心,对长辈尽的心力实在有限,因此,吴曼华一见到徐志摩,就没有好脸色。

　　另一边,徐志摩的父亲徐申如对陆小曼更加不满。如果徐志摩娶回一个黄花闺女,或者像凌叔华一样有才学有家世的女子,或者像徐志摩前妻张幼仪那样贤良淑德,他都不计较,偏偏儿子爱上的是个有夫之妇,是个风言风语不断的交际花,他怎么能不闹心?

　　爱情是两个人的事,婚姻就是两个家庭的事了。

　　两个人热恋时,喜怒哀乐都是美的,如置身于空中楼阁般痴缠缱绻,有什么束缚也不过是锦上添花,断然不会消磨两个人的热忱;可步入婚姻就不同了,琐碎的人情世故日复一日地折磨着爱情的韧性,一切便由不得自己了。

　　徐志摩不得不容忍岳母吴曼华的诸多刁难,陆小曼也不得不面对公公徐申如的冷遇,两个人的爱情被迫挣扎在亲情的夹缝中,每一步,都如履薄冰,两个人,慢慢觉得负累。

徐志摩和陆小曼的结合

　　其实我不羡富贵，也不慕荣华，我只要一个安乐的家庭，如心的伴侣，谁知连这一点要求都不能得到，只落得终日里孤单的，有话都没有人能讲，每天只能强自欢笑在人群里混。

　　曾经，陆小曼守着寂寞的空房，这样愁肠婉转，她那般迫切地需要一个了解她、理解她，能安慰体贴她、欣赏疼爱她的伴侣，她和所有的女人一样，梦想爱可以天长地久，一生相伴。

　　王赓能给她踏实的生活，给不了她心动神迁的爱情，徐志摩似乎能给。

　　徐志摩曾是那般充满热情地赞美她，说她有"一个最美最纯洁最可爱的灵魂"，赞美她是"一朵稀有的奇葩"，是"不慕荣华富贵，追求真、爱、美的女神"。这样的陆小曼,将是他最美、最柔情,能给他安稳、给他快乐的伴侣,弱水三千,他只取此一瓢饮。

两个人,都是擅长痴心做梦的。

做梦,必须把情话说得很傻很痴,他曾说:"我有时真想拉你一同死去,我真不沾恋这形式的生命,我只求一个同伴。"似乎,天地之间,仅此一人,执子之手可生,弃子之手便死。

她同样痴醉:"志摩是最真的男人,与那些追求做官发财的男人都不同,他最纯洁最纯粹最真挚最善良最美好,他追求生命个体的自由,他真诚、正直、率真,既绅士又柔情……"

热恋的过程,是男女双方互唱赞美诗的过程,爱情以它神奇的魔力,夸大对方的好,隐藏一切缺陷,把生活织成五彩的梦,让沉醉中的人儿义无反顾地牵手婚姻。

所有,大多的情侣变成夫妻的初始,都曾狂势的相恋。

只是,曾情投意合的两个人后来成了最熟悉的陌生人,甚至是水火不容的敌人,婚姻,可不是闹着玩的事!

所以,爱是你想爱便可以爱的,婚姻却不是你想幸福就可以幸福的。

令徐志摩和陆小曼难堪的是,徐申如明确地表态,他们俩要想结婚,除非得到徐志摩前妻张幼仪的允许,否则,想都别想。

紧接着,徐申如又煞费苦心地分家产,他把自己的家产分成三份,一份归他们老两口,一份归徐志摩,另一份归孙子阿欢。而阿欢的抚养人是张幼仪,阿欢的财产自然由张幼仪管理和使用。这明着是分家产,实际上是给张幼仪正名分,向陆小曼示威,想让陆小曼知难而退。

这样尴尬的处境,是陆小曼和徐志摩没有想到的,陆小曼心中委屈,又无可奈何,只好求胡适去讲情。"先生!并非我老脸皮求人,求

徐志摩与张幼仪

你在他爹娘面前讲情，因为我爱摩，亦须爱他父母，同时我亦希望他二老亦爱我。我受人的冷眼亦不少了，我冤的地方亦只你知道。"另外，她和徐志摩也求刘海粟前去说和。

事情似乎峰回路转，比想象得容易得多，张幼仪并没有刁难他们，爽快地同意了他们的婚事。徐申如却还心不甘情不愿，提出了三个条件：一是结婚费自理；二是婚礼由胡适作介绍人，梁启超证婚；三是婚后要求陆小曼能安分守己过日子。

而且，徐志摩和陆小曼结婚当天，徐申如夫妇并没有出席，来了个眼不见为净，这样的表态未免让陆小曼憋屈，可事已至此，她除了强颜欢笑，委曲求全，又能怎样呢？

这是一段不被父母亲朋看好，同样不被尊长梁启超看好的婚姻。

梁启超为人正直，对徐志摩与张幼仪离婚、与陆小曼结合极为反对，他看不惯陆小曼的做派，他认为女孩子应该朴实稳重，有自己的事业追求，对社会有强烈的责任感，不应该像陆小曼一样只知吃喝玩乐讲排场、整天风花雪月无所事事。

所以，婚礼上，梁启超直言直语道："志摩、小曼皆为过来人，希望勿再作过来人。徐志摩！你这个人性情浮躁，所以在学问方面没有成就，你这个人用情不专，以致离婚再娶……陆小曼！你要认真做人，你要尽妇道之职。你今后不可以妨害徐志摩的事业……你们两人都是过来人，离过婚又重新结婚，都是用情不专。以后要痛自悔悟，重新做人！愿你们这是最后一次结婚！"

这话说的，咋听着这么别扭啊，这是祝婚词么？分明就是批斗词嘛。不过，忠言逆耳，虽然不太好听，但梁启超用心良苦尽在其中了。

作为徐志摩的师长，他对徐志摩这次婚姻充满了担忧，他在给自己儿子和未来儿媳的信中写道：

> 徐志摩这个人其实很聪明，我爱他，不过这次看着他险于灭顶，还想救他出来，我也有一番苦心，老朋友们对于他这番举动无不深恶痛绝，我想他若从此见摈于社会，固然自作自受，无可怨恨，但觉得这个人太可惜了，或者竟弄到自杀。我又看着他打得这样一个人做伴侣，怕他将来痛苦更无限，所以对于那个人当头一棍，盼望她能有觉悟（但恐很难），免得将来把志摩弄死，但恐不过是我极痴的婆心便了。

娶妻当娶贤，这是自古以来的忠告，陆小曼当情人是上上人选，当妻子的确不太适合。因为她太过浪漫，太过纵情，太过自我。

太过浪漫、纵情、自我的人，是难以拥有陆小曼所向往的"安乐"的家庭的。

婚姻的和谐原本需要两个人互相体恤、各自收敛，宽容、忍耐、约束之下，婚姻才有幸福可言。

　　梁启超阅人无数，洞明世事，后来事实证明，他的担心不是多余。他看出徐志摩与陆小曼之间有着不可调和的问题，远不是他们两个人一厢情愿你情我爱就能解决的了的，他预见徐志摩即便不是意外身亡，也可能因才枯而自闭至死的命运，他为徐志摩这样一桩如同自掘坟墓的婚姻而忧心。

　　尊师这样的忧心，正处新婚之喜的徐志摩和陆小曼是体会不到的，或者，他们觉得尊师过于迂腐和多虑，他们有些天真地向往着幸福，一如大多新婚夫妇所以为的，苦尽，必然甘来。

　　徐志摩心情大好，挥笔豪言道："身边从此有了一个人——空间是一件大事情，一个大分别；向车外望望，一群带笑容往上仰的可爱朋友们的脸盘，回身看看，挨着你坐着的是你这辈子的成绩，归宿。这该你得意，也该你出眼泪——前途自由吧？为什么不？"

　　新婚初始，新人在侧，眼里所见，心里所想的，都是喜气。

　　可喜气只是暂时的，烦恼却是婚姻的主题。

　　"人生若只如初见，何事秋风悲画扇。"

　　相恋容易相守难，当爱情神秘而浪漫的面纱褪尽瑰丽的光环，琐碎而烦扰的现实生活会像残忍的刽子手，一刀刀细细碎碎地凌迟盛装爱意的心。

　　徐志摩和陆小曼历经艰辛，终成佳偶，从此，举案齐眉，红袖添香，相濡一生，生死契阔，这样的美梦曾促使他们做最英勇的战士，击败重重阻力走到了一起。

　　走到了一起，原本可以同心协力实现婚姻幸福的梦想了。

　　可是，陆小曼在徐志摩跟前过于娇纵和奢侈，很快就让公公婆婆反感厌恶，这种反感厌恶又很快转变成他们对陆小曼的不满和冷遇，转而限制徐志摩的开销，致使新婚夫妇的生活捉襟见肘，陆小曼不找自己的原因，再次怨怼起来了。

一个女人，若是太依赖丈夫，就会成为丈夫的累赘。也许开始的时候，因为不完全了解，因为爱情的迷幻，男人不只觉得不累赘，还很享受女人小鸟依人的做派，可真正过起日子来，日复一日地为她所累，才知道那绝不是一件美差。

陆小曼太娇情，即使在公公婆婆面前，也毫不掩饰地表现自己与徐志摩的亲昵：当她吃不完饭的时候，她撒着娇让徐志摩帮她吃；当她要上楼的时候，不自己走而让徐志摩抱……凡此种种，让徐家二老实在看不过眼。

不仅如此，曾经宣称自己只要爱情不要面包的陆小曼丝毫不懂得勤俭持家，无论用什么都要高档的，墨要北京的，手帕也要国外的，花钱如流水，对家政财务又根本一窍不通，她似乎天生就为享受爱情、挥霍金钱而来的！

这样的女人，当情人自然趣味无穷，撒娇扮痴、莺歌燕舞，风情万种让男人魂不守舍，可这种女人真娶回家来，就等于娶了个祸害，她根本不懂得什么叫体恤、什么叫节俭，她只知道自私地索取和享受，可没办法，聪明如徐志摩者，拼尽力气非要把这样的女人视若珍宝，一个愿打，一个愿挨，原没什么道理可讲。

想当初，徐志摩的前妻张幼仪把家里家外打理得井井有条，把徐志摩伺候得舒舒贴贴，被徐志摩斥来喝去也任劳任怨，结果，徐志摩偏偏把这样贤惠的老婆给休了，娶来了陆小曼。于是风水轮流转，徐志摩设身处地地体会前妻张幼仪的角色，想来，其中滋味，只有徐志摩自己知道吧。

事实证明，陆小曼绝对不是个清高脱俗的女人，反而，她非常追求物质享受，她和每个贪心的女人一样，爱情和面包，她全想要。从前，王赓给得了她面包，给不了她爱情，她就选择了才华横溢的徐志摩,先要爱情,结了婚,面包也不能少!

可怜徐志摩,不能再做那心无旁骛、闲散安逸的多情诗人,而变成一个为了生计奔碌的男人。正如好友郁达夫的夫人王映霞说的那样:"为了满足陆小曼奢侈的需求,志摩只得在光华大学、东吴大学、上海法学院、南京中央大学,以至北平北京大学,到处兼课,拼命挣钱,以博小曼一笑。"

让爱人如此辛苦,只为满足自己的享乐的私欲,陆小曼的爱到底有多真多纯?

如果真心爱一个人,至少会体谅他的辛苦,舍不得他为生活所累,珍惜他的才华,让他有愉悦的心情做自己喜欢做的事吧?而像陆小曼一样,对家庭经济的窘况不管不顾,只一味任意花销,使徐志摩为越来越沉重的家庭开支疲于奔命,这是爱?

真有些糊涂了,可见,爱与不爱,原来,只看那男人是不是成全。

爱她,即使她如陆小曼般累人,也爱,累死,也心甘,那她也有理由自豪地宣称,她们的爱情坚如磐石韧如丝。若不爱了,就算贤能如张幼仪,弃了,也无愧,女人则只能黯然神伤,哀泣自己痛失所爱了。

既然徐志摩愿意,那陆小曼再怎样作践也无可厚非了。

王映霞曾在文章中回忆:

陆小曼租了一幢每月租金银洋一百元左右的洋房,前面是两层楼,后面又有三层,可谓宏伟壮丽。卧室里更是全部的红木家具,精细的陈设外,更有梁启超和刘海粟的字画……陆小曼派头不小,出入有私人汽车,那时,我们出门经常坐黄包车,有时步行,她家里佣人众多,有司机,有厨师,有男仆,还有几个贴身丫头。她们年轻俊俏,衣着入时,不知道的人还以为是主人家的小姐呢。陆小曼挥霍无度,想买什么是什么,不顾家中需要不需要,不问价格贵不贵,有一次竟买了五双上等的女式皮鞋。家庭经济由她母亲掌握,她向我们叹苦经,说:"每月至少得花银洋五百元,有时要高达六百元,这个家难当,我实在当不了。"我听了为之咋舌。那时五百多元,可以买六两黄金,以现在的人民币来说,要花两万元左右。

陆小曼贪玩、跳舞打牌、捧戏子,变得娇慵、懒散,之前所有的娇俏可爱与灵性,都不见了踪迹,就是这样的陆小曼,以最直接、最凌厉、最温柔的方式,消磨着徐志摩傲人的诗才。这位曾经的新月社创始人,终被逼迫得不惜放下诗人的身段,在数份讲座、撰稿的兼职工作后,做起了熟人之间的房屋买卖中介。为了赚取中介费,他煞费苦心,实在没钱时,就只能借钱度日,甚至不得不把一些玉器带到北京、国外去卖钱……

清高脱俗、傲骨轩昂的徐志摩沦为一个低俗的商人和疲惫的劳夫,他的旷世诗才就在这庸碌无为的生活中被磨损、被吞噬。

一边,是陆小曼花天酒地的挥霍,一边,是徐志摩四处举债的窘迫,夫妻,难道真是冤家路窄、你欠我还的孽缘?

明明知道徐志摩为经济困窘而急得团团转,陆小曼仍然若无其事,坦然处之。这么巨大的反差,让曾经高举着追求爱与自由的俊逸诗人徐志摩有怎样的感受?怕是梦想的破碎吧,怕是无可名状的悲哀吧,怕是千般滋味郁结心头有苦难言的无奈吧!

可徐志摩的隐忍、负重换来了什么呢,换来的只是陆小曼的抱怨:

照理讲,婚后生活应该过得比过去甜蜜而幸福,实则不

曾给徐志摩写信的陆小曼

然，结婚成了爱情的坟墓。志摩是浪漫主义的诗人，他所憧憬的爱，是虚无缥缈的爱，最好永远处于可望而不可即的境地，一旦与心爱的女友结了婚，幻想泯灭了，热情没有了，生活便变成白开水，淡而无味。志摩对我不但没有过去那么好，而且干预我的生活，叫我不要打牌，不要抽鸦片，管头管脚，我过不了这样拘束的生活。我是笼中的小鸟，我要飞，飞向郁郁苍苍的树林，自由自在。

呵，老调重弹，从前，和王赓在一起时牢骚满腹，如今和徐志摩在一起，又是这样抱怨不止，徐志摩也终是忍无可忍，决定离开上海，去北京教书。他北上后给陆小曼的信中说："上海的环境我实在不能再受，再窝下去，我一定毁；我毁，于别人亦无好处，于你，更无光辉，因此忍痛离开。母病妻弱，我岂无心？望你能明白，能帮我自救，同时你亦从此振拔。"

至此，那曾经痴热的爱终是冰冷黯淡了下来，烦恼、抱怨、争吵、冷战、伤害前拥后簇，相继而来，袭击了这曾经光芒四射的爱情，才子佳人的婚姻也逃不过柴米油盐的考验。实践证明，那所谓的，"在对的时间里遇到的对的人"终究还是错的。

一个女人，如不愿为爱人设身处地的着想，只想着自私的玩乐享受，她的婚姻注定会失败。

一个男人，若只片面地迷恋女人外表的光彩和虚张声势的才情，不了解她骄奢淫逸的本性，他的婚姻注定是悲剧。

徐志摩终于发现，陆小曼并不是他真正的灵魂伴侣。他感到孤独、彷徨、凄苦、沉闷，他爱宁静祥和的生活，想要深刻的思考和创作，可陆小曼只爱热闹，她逼迫着徐志摩做他厌恶的事，正如徐志摩在日记中痛苦地倾诉：

> 我想在冬至节独自到一个偏僻的教学里去听几折圣诞的和歌，伸出我却穿上了臃肿的袍服上舞台去串演不自在的"魔"戏；我想在霜浓月淡的冬夜独自写几行从性灵暖处来的诗句，但我却跟着人们到涂腊的跳舞厅去艳羡仕女们金光的鞋袜。

生活变得如此无聊、惨淡，那曾经被誉为"诗之源、诗之魂"的女子陆小曼，终于成了诗人才思的桎梏！

诗人的清风骨不复存在，教书赚的钱远远不够，厚着脸皮东挪西借的钱也不能按时归还,只能拆东墙补西墙。他穿着破旧的衣服,不再神采奕奕光鲜得体,他已经为了陆小曼变成一个平淡无奇、无比狼狈的男人,没有自尊、前途黯淡,他陷入了迷茫与痛苦的沼泽,度日如年。

可陆小曼并不体恤徐志摩的苦心,她挖苦他:

> 我是自幼不会理家的,家里也一向没有干净过,可是倒也不见得怎样住不惯。像我这样的太太要能同胡太太那样料理老爷是恐怕有些难吧,天下实在很难有完美的事呢……既无钱回家何必拼命呢,飞机还是不坐为好。北京人多朋友多好处多,当然爱住,上海房子小又乱地方又下流,人又不可取,还有何可留恋呢! 来去请便吧,浊地本留不得雅士,夫复何言!

牙尖嘴利、强词夺理、粗野无礼,再也不是那曾经的温言软语:

> 摩,我们在树荫里慢慢地往上走,鼻子里微风吹来阵阵的花香,别有一种说不出的甜味。摩,我再也想不到人间还有这样美的地方,恐怕神仙住的地方也不过如此了……

爱情是一场谎言,婚姻是一场玩笑。

当爱情如烟花冷却,所有璀璨的光彩化为灰烬,曾经甜蜜美好的爱恋饱受着种种俗事的考验而变得面目狰狞,那如童话中王子与公主的恩爱夫妻便不复存在了。

陆小曼欲壑难填,单单不满徐志摩的窘迫,她不是自我反省,改

徐志摩去世后的陆小曼

变声色犬马、奢侈放纵的生活方式,而是故伎重演,再次投向另一个坚实的怀抱——她迷上了翁瑞午,依赖他的推拿,喜欢和他一起吸食鸦片!

鸦片迅速摧毁了陆小曼本就多病多灾的身体,也消磨了她的意志和心智,她变成了一个自甘堕落、日夜颠倒,终日沉迷烟榻,吞云吐雾,徐志摩稍有微词,她居然大发雷霆,一气之下将烟枪摔在徐志摩脸上!

浪漫诗人徐志摩绝望了,他愤怒、遗憾、懊丧……他脚步沉重地踏上了远离俗世纷扰的飞机,于 1931 年 11 月 19 日早上 8 点,死于空难!

晚年陆小曼与亲友在一起

　　悄悄的我走了，正如我悄悄的来；我挥一挥衣袖，不带
走一片云彩……

　　徐志摩走得那般决绝，带着爱情无止境的悲凉，他不再给陆小曼
温柔的拥抱，亦不再受她以爱的名义加付的伤害。

　　陆小曼悲怆地拍棺痛哭，泣泪如血，悔恨得痛不欲生，她从迷醉
与腐朽中惊醒过来，在透心彻骨的冷寂、孤单与追悔中肝肠寸断。

　　这个曾如花蝴蝶般醉情夜上海上流社会社交圈，既渴望爱又奢
望面包的陆小曼，终于因为她为世人不耻的娇情与自私，把自己的幸
福尽数摧毁，只留下一具花颜尽逝、老病缠绵的身体，后来，再有怎样
的故事，都已是残花余香，不值嘘唏了……

徐志摩以死为解脱,脱离痴爱成空的折磨,他又以死为救赎,挽救纸醉金迷中堕落的陆小曼,爱情与婚姻一起崩溃,在陆小曼声嘶力竭的哭泣声中,轻若流萤地变成一声哀叹,悄无痕迹地飘逝了去……

面包与爱情,孰重孰轻? 你得到答案了吗?

不必舍此即彼,面包与爱情,原本可以兼得,要紧的,是想要拥有它们的夫妻,是否同心同德、相互体恤,婚姻并非爱情的坟墓,它完全可以变成爱情的花园,但若你如陆小曼般私欲难填,注定会把花园变成坟墓……

丈夫

情人　　与　　和睦相处

人生圆满

林徽因

幸与不幸并存的人之初

　　女人是开在人世的花，每个女人都是带着上帝的宠爱和祝福来的，或妩媚、或纯真、或淡雅、或雍容，即使没有先天艳美的姿容，也还有一颗充满真淳与善良的心，难怪《红楼梦》中宝玉要说，女人天生是水做的骨肉。

　　可是，随着岁月的流失，花样的女子因境遇不同而有了各自的宿命，少有鲜亮的存在。前文灵动妩媚如陆小曼者，亦难逃这样的劫数。当一个病容恹恹的女人终日斜卧横榻，举着一支长管烟枪睡眼惺忪地喷烟吐雾时，曾经再怎样迤逦的风情也都僵化成了一具枯槁的残躯，腐朽、堕落、消沉、阴戾，再难有明朗灿烂的艳色。

　　女人要拥有圆满的人生，是需要后天智慧的运筹策划、从容的怡养谦守，能做得到"静、缓、忍、让、平"，懂得取舍，收放有度，才不会辜负身为女子的天资，拥有一世幸福快乐——就像林徽因那样。

　　天生丽质的林徽因无疑是红颜薄命的有力反证，这个美颜如玉的女子，幼时能静守生慧，懂得事缓则圆的真谛，在成长的过程中有足够的耐心和坚毅，成长后无论对爱情还是事业，她有从容不迫的气度，懂得权衡、取舍，在平淡中活出不平凡来，她的幸福人生值得每个向往圆满的女人借鉴。

　　我们循着岁月的长河逆流而行，追溯到风雨飘摇的民国去，在那风景如诗的浙江杭州，林徽因在一个官宦世家出生了。

　　"徽音"取自《诗经》小雅，意为美好的声誉。后改为"徽因"。大凡女孩子，总希望有个动听的名字，只是，蕴含美好希望的名字并不能让人生完美无憾。

　　林徽因的父亲林长民不仅擅长诗文，还长于书法，是个满腹才学和救国救民理想的人;而她的母亲何雪媛却是个没受过什么教育的普通女人,既不会琴棋书画,也不擅经营家庭,得不到丈夫的宠爱,也难讨婆婆欢心。所以,父母感情疏淡,给不了林徽因幸福美好的童年。

母亲何雪媛自然是忧怨的,难免在女儿林徽因面前长吁短叹,也会忆及那些甜蜜的过往,也会报怨婚后丈夫的日渐冷落,小小的徽因从母亲的嗟叹中对爱情与婚姻有了朦胧的初识。那就是,爱情难以持久,婚姻亦多变故。

于是,她小小年纪就会写诗送给忧伤的母亲:

> 别丢掉
> 这一把过往的热情
> 现在流水似的
> 轻轻
> 在幽冷的山泉底
> 在黑夜,在松林,叹息似的渺茫
> 你仍要保存着那真……

是安慰也是思索,林徽因很小便明白,一个女人的人生,爱情与婚姻是最最重要而又难以掌握的事。

不久,父亲从福建娶回了妾室程桂林,这女人接连生下一个女儿和四个儿子。林徽因的家庭一下子变得拥挤起来,她有了"二娘",有了弟妹,还有了母亲更多的眼泪和哀叹。母亲的唠叨和报怨,妻妾间的矛盾和争吵,父亲左右逢源又不得好处的烦躁,都像一支支针一样扎在林徽因敏感的童心上。

这些痛苦的琐事让林徽因难以安然,她爱着父母,又恨着他们扭曲的婚姻。她恨父亲对母亲的冷落,恨母亲的无助和凄凉,恨这无法改变的窘况,她就在家庭纷乱的纠葛中挣扎着、平衡着,顽强地成长着。在矛盾的爱恨中,她学会了思考,学会了包容,有了期待——长大后,我的他,定是那个我爱的又爱我的人。相守相偕,于今生不离不弃。

带着这样的憧憬,林徽因默默地辛劳着。她的父亲林长民常年在北京忙碌政事,林徽因和其他家人却住在天津,年纪尚小的林徽因很早就成了家庭的主心骨,伺候两位母亲、照应弟妹,过早地体会到家事的负累和世态炎凉。

然而,不幸中也有幸事,父亲林长民虽然无法和谐妻妾间的关系,却很重视对林徽因的教育,他把林徽因送进了有名的北京培华女子中学读书,使林徽因受到良好的教育。1920年春天,林长民去欧洲各国考察西方宪制,他决定带林徽因一起去。他说:"我这次让你随着同去,第一是要你观察各国增长见识;第二是要让你领会我胸怀的宽博;第三是想要你暂时离开家庭烦琐的俗事,开阔眼界,养成将来改良社会的见解和能力。"

有这样一位重视子女教育的父亲,是林徽因最为庆幸的事。一路奔波,林徽因曾在波澜壮阔的大海上极目远眺,曾在天地间纵情高歌,曾在无眠的夜晚沉静的思索,她感受到世界的博大,体会到人生有很多种不同的选择和风景,她先后随父亲漫游了欧洲大陆各地,包括意大利、瑞士、德国、比利时的一些城市。无论从眼界和学识上,林徽因都因此而受益匪浅。

一个女人若是天生丽质,又有了出色的才识和开阔的胸襟,对生活充满热爱,有自己的思想,有卓绝的毅力和智慧,那她就拥有了得到幸福的所有资本。如果能去好好运用这些资本,那么,幸福就将随时降临。

随父遍游欧洲时的林徽因

　　不幸,造就的是坚强而敏锐的林徽因;幸运,造就了博学而大气的林徽因。这个美丽的女子随着年龄渐长,逐渐散发出如星辰般璀璨的光芒。

　　为了栽培女儿,林长民为爱女雇了两名教师辅导她英语和钢琴。林徽因勤奋而刻苦地学习,并以优异的成绩考入了圣玛利学院。不久,林徽因就适应了学院生活并融入其中,把英语说得娴熟纯正,赢得了同学和老师的赞赏。林长民深感欣慰,他开始带女儿进行社交,让女儿认识和接触了许多中外精英人物:张奚若、陈西滢、金岳霖、吴经熊、张君劢、聂云台……

　　这些人,都是在不同的领域中崭露头脚的精英,他们傲人的素质对林徽因有极大的影响,她人生的梦想便日渐清晰明朗起来。

　　物以类聚,人以群分。选择与自己志同道合、素质良好的朋友是人生要事。每个想要获得爱情与幸福的女人,无论婚前婚后,都应该有意识地甄选自己的朋友,增长自己的阅历,拓宽自己的知识面,让自己拥有更多获取幸福的砝码。

　　幸与不幸并存的人之初,给了林徽因独特的个性,她像一只勇敢的雏凤,迎着明媚的阳光,张开了自己美丽的翅膀……

窈窕淑女，君子好逑

15 岁的林徽因丽质天成，出落得亭亭玉立、妙曼动人，加上她才识过人，处事大方得体，所到之处，总会引人瞩目。

英国伦敦的秋天静美如画，这日午后，林徽因和父亲正在公寓里读书，在英国伦敦学院留学的江苏籍学生陈通伯前来拜访，与他同来的，还有一个青衫翩然的男子。

舒朗的眉目、劲挺的身姿，温文尔雅的男子面带和煦的浅笑，对林徽因微微颔首。陈通伯介绍说："这位叫徐志摩，浙江海宁人，在经济学院从赖世基读博士学位，敬重先生的道德文章和书法艺术，慕名拜访。"

就这样，林徽因认识了徐志摩。

这时的徐志摩二十出头，却已经是个有 2 岁孩子的父亲了，他刚由北美大陆越洋过海来到西欧，因为他崇拜罗素，所以宁可放弃哥伦比亚大学的博士学位，来到英国皇家学院，以求作罗素的及门弟子。只可惜，当徐志摩踏进皇家学院校园之前，罗素已经被学校除名启程来了中国，徐志摩失望极了，经英国著名作家狄更生的劝说和介绍，留下来进了伦敦政治经济学院，而后再转到康桥皇家学院，住在沙士顿小镇。

这次的来访，原不过是徐志摩百无聊赖时打发时间罢了，可当他看到梳着两条小辫子的林徽因，不由心中一动，但，这时，尚无关风月。

因为徐志摩是梁启超的门徒，让林长民十分喜欢，两人一见如故，相谈甚欢。林徽因在旁边添茶倒水，不时注意徐志摩的言谈举止，被他的风趣和博学而吸引，但那也只限于欣赏。

那时的林徽因，向往相濡以沫、举案齐眉的爱情和婚姻。在平淡

梳着两条小辫子的林徽因

如水的岁月里，不离不弃、互相依附，不求荣达，不求显贵，心有灵犀，岁月静好。那应该是一个年龄相仿、情趣相投的男子，而不是要叫叔叔的徐志摩。

那一个下午，林长民和徐志摩无话不谈，气氛热烈，博学健谈的徐志摩深得林长民欣赏。

从此，徐志摩就成了林家常客，与林徽因接触的机会也便多了起来。

徐志摩渐渐发现，娴静的林徽因读了很多书，每每谈及一些作家作品，林徽因都如数家珍。她思维活跃，见解独特，又锦心绣口，把平淡的事情表达得无比明彻流畅。她的北京话略带一点儿福建方音，她的英语是地道的牛津音，发音吐字乐感十足，听上去无比悦耳，令徐志摩为之倾倒。

徐志摩渐渐身不由己，原本单纯对林长民的拜访，变成了一睹芳容迫切的需求，而每次的会面，都令徐志摩回味不已——静谧的午后，当他和林长民或品茶或切磋棋艺时，窈窕可人的林徽因端来几碟小点心，为他添茶送水，偶尔插过话来，无比优雅得体、文采飞扬；若是聊得晚了，林长民便让林徽因送他一程，佳人在侧，暗香流转，脚下的青石板小路便叩得出清响的诗来，路边青苔斑驳铁墙壁、绿意流泄的爬山虎、融着沉静神秘的夜色，一起构成了无与伦比的画卷，画韵悠然，令人觉醉；若是有雾的夜晚，雾气迷蒙，如童话中的仙境，林徽因纤纤玉手握紧的手电筒发出晕黄的光，照亮他面前的路，那盈盈动动的光束，如最悠长的情意，深骨入髓……

徐志摩有了期待，这期待由朦胧渐至殷切，他惶惑复欣喜，苦恼复忐忑，他开始狂热地追求林徽因。

因为对林徽因的认真与狂热，徐志摩对自己的结发妻子张幼仪别样冷血，他看不到张幼仪身上的诸多优点，一味地冷落她。

同样两个优秀的女人，在被同一个男人用爱情来衡量的时候，是迥然不同的，天差地别的对待中，林徽因是被徐志摩仰视的女神，而张幼仪则是被他唾弃的糟粕。

其实，张幼仪的祖父是清朝的知县，父亲则是一名巨富，她的二哥张君劢是著名的政治家、哲学家，创立了民社党，她的四哥张嘉璈则担任过中国银行的总裁。张幼仪是名副其实的大家闺秀，知书达理、擅理家政，却莫名地被徐志摩忽略冷落。

徐志摩的一生，为了林徽因，为了陆小曼，高举追求自由与爱情的旗帜，飞蛾扑火般勇猛向前，不知他最终面对惨不忍睹的事实有没有想及张幼仪的好，那个贤惠、聪敏、一度被他弃之不顾的女子。

彼时，张幼仪有孕在身，可徐志摩为了解除婚姻的束缚，无所顾忌地追求林徽因,毫无怜惜地要与张幼仪离婚,他甚至半点儿愧疚也没地说:"……真生命必自奋斗自求得来! ……彼此有改良社会之心,彼此有造福人类之心,其先自作榜样,勇决智断,彼此尊重人格,自由离婚,止绝苦痛,始兆幸福,皆在此矣。"

徐志摩残忍地命令张幼仪把孩子打掉,然后头也不回地一去不返,等到张幼仪挺着大肚子蹒跚赶去巴黎时,徐志摩仍然没有半点怜悯之心,可怜的张幼仪生下了夭折的儿子,无奈地签下了离婚协议……

在这里,实在忍不住为徐志摩感到羞耻,这样的男人,弃家庭责任感于不顾,不细心呵护有孕在身的妻子和年幼的儿子,而恬不知耻的拈花惹草。更让人反感的是,他把个人喜新厌旧的毛病粉饰为什么改良社会之心,说得冠冕堂皇毫不脸红,无怪后来他的老师梁启超对他颇有微词。

徐志摩有才不假,风流潇洒不假,可这样的男人,不可靠也是真的。

听到徐志摩要与张幼仪离婚,徐志摩的父母坚决不同意,为了阻止儿子犯错,他们干脆将张幼仪认为义女,并支持她到德国读书,可徐志摩仍然义无反顾。梁启超也劝他不要"把自己的欢乐建筑在别人的痛苦之上",可他仍然固执己见。

徐志摩满腔热血地认定,解除他和张幼仪没有爱情的婚姻关系,就解除了痛苦。假如没有这种勇气,怎么能谈得上改良社会,造福人类,他被冠以"爱情"头衔的驴踢晕了脑袋,变得高度近视,看不到张幼仪是难得的珍宝,轻易而愚蠢地离弃了张幼仪。

从古到今,像徐志摩般得到不知珍惜的男人太多了,他们总觉得外面的女人比家里的好,从来只闻新人笑,不闻旧人哭。可纵观古今,又有几个离弃原配的男人真正得到了幸福? 少有!"人不如故"

林徽因与父亲的合影

的忠告到底是应该谨记的。

　　可惜，徐志摩这般的狂热追求，被林徽因拒绝了。

　　从小就看到贤德的母亲何雪媛被父亲冷落、离弃，林徽因对这样抛妻弃子的男人是心存反感的，她敏感而善良的心那样深刻地体会过母亲何雪媛的痛苦，将心比心，她也能体谅张幼仪的处境，心痛张幼仪所受的伤害与痛苦。

　　这样的徐志摩不是林徽因敢于寄托终身的男子。

　　"我知道自己是个幸福而走运的人，但是早年的家庭战争已使我受到了永久的创伤，以致如果其中任何一点残痕重现，就会让我陷入过去的厄运之中。"林徽因这样清醒地说，即使她也喜欢与徐志摩倾心交谈，欣赏他见识广博、见解独特，迷恋他奔放的性情和横溢的才华，可她还是理智地拒绝了他："阁下用情之烈，令人感惊，徽亦惶惑不知何以为答，并无丝毫嘲笑之意，想足下误解了。"

　　仅仅是这样的理智，便是少有女子能做得到的。

　　女人大多是感性动物，听到男人的几句赞美，被男人疯狂地追求，就以为此君是天下第一情圣，为了她可以刀山火海、粉身碎骨再所不惜，虚荣心倍觉满足的情况下，情商速降为零，便以比男子更多的狂热交付身心，誓非此君不嫁了。而林徽因，她以理智的拒绝开启了人生幸福的大门，关闭了厄运的造访。

　　女人的爱情与婚姻关系一生沉浮，的确需要理智。

　　事实证明，男人的爱大多来得快，去得也快，绝没有像他们嘴上说的那样坚定不移。前章有徐志摩热恋陆小曼时写得缠绵情诗，称陆小曼是他的命、他诗的源，可笑是在陆小曼之前，这位仁兄对林徽因也如此痴情：

>　　我这一辈子就只那一春，说也真可怜，算是不曾虚度。就只那一春，我的生活是自然的，是真愉快的……说也奇怪，竟像是第一次，我辩论了星月的光明，草的青，花的香，流水的殷勤。

　　瞧，徐大诗人的爱情也不过是朝令夕改的事，易变到令人恶心的程度！

　　林徽因虽然不舍与徐志摩谈天说地时的愉悦，不舍他充满激情的赞美，不舍他有些忧郁的声音，但她还是在冷静思索后，决然地离开了他！她明明白白地告诉自己："徐志摩爱的并不是真正的我，而是他用诗人的浪漫情绪想象出来的林徽因，可我其实并不是他心目中所想的那样一个人！"

　　徐志摩是个多情而自恋的人，他对生活、对女人都缺少最起码的务实，他虚浮地以一种诗的写意去构想，妄想脱离生活的平凡与琐碎，去营造一种真空般的、童话般的美与幸福，这根本就是不切实际的空想!

　　后来,徐志摩故伎重演,再用诗意去构想了陆小曼,同样痴狂地追求后,让陆小曼离开了王赓嫁给了他,结果怎样? 他根本无法把陆小曼和自己的生活打点好,那时的他,多么的狼狈!

　　生活是需要脚踏实地的,男人也是需要沉稳踏实的。

　　林徽因很清楚,徐志摩那浪漫到极致的性情,注定难以成为一个可靠的丈夫。他的爱情靠灵感和激情维系,追求新鲜的痴狂让他变成一个易变的人,他在她林徽因身上这般用心,也极易在别的女人身上得到类似的灵光。如若有朝一日,他们真的成了夫妻,激情燃尽,生活只剩下真实、平淡的琐屑,徐志摩很可能去外面寻找新的寄托,一如抛弃张幼仪那般无情! 所以,这样的徐志摩,当朋友不错,当伴侣不行。

　　林徽因没有被激情愚蒙得看不清前尘后路,孤注一掷地投入情海的漩涡,她那般决然地转身离去,远离可能带给她痛苦的男人和婚姻!

　　徐志摩面对林徽因的拒绝,不退反进,更加热烈地写信表白,满纸相思,满腹深情,丝毫不顾家中徐父强烈的阻拦,也不管张幼仪小产后疼痛的身体和受伤的心,他不管父亲以断绝父子关系相要挟,也不管母亲如何以泪洗面苦苦相劝。他眼里心里只有林徽因,只想得到她的爱!

　　这样看似坚韧的爱实际上是自私、盲目的,林徽因想摆脱这样的纠葛,把一切都忘掉!

　　她奉劝徐志摩,要善待张幼仪,承诺会当他终身的朋友,希望他好好照顾家中老小,可徐志摩不听,他固执地要她的人,要她的爱!

　　徐志摩或许以为他这样的固执会让林徽因感动吧,可惜,这样的他,已经让林徽因唯恐避之不及了。她与父亲林长民一起回国,没有

把行程通知徐志摩。并且,林徽因回国后不久,就和梁思成订了婚,
开始了她另一段情事……

举案齐眉,琴瑟相合

　　梁思成是梁启超的长子,性格内敛低调,才学过人。他喜欢绘
画,担任《清华年报》美术编辑;外语很好,翻译了王尔德作品《挚友》,
还与人合作翻译了一本威尔司的《世界史纲》。身为长子,他深受父
亲梁启超言传身教的影响,为人正直,勤学上进。

　　因林徽因的父亲当时是赫赫有名的立宪派名流,而梁思成的父
亲梁启超是维新变法的主力,他们都是中流砥柱、刚毅正直的政界贤
能,也是博学的文人雅士,所以他们在对子女的教育问题上也大同小
异。最巧的是,梁思成和林徽因一样,虽然从小备受父亲的关爱和栽
培,但他和林徽因一样,也缺少母爱。

　　初次见面,出现在林徽因面前的梁思成是个个子瘦小却白净秀
气的谦谦君子,他稳重干练,让林徽因似曾相识。相同的家境、相似
的性格,让他们找到了无尽的默契,彼此互相吸引,这样的感觉不是
电光石火,而如细水长流般平静却恒久,轻淡却明透。内心渴望安定
的林徽因更喜欢这后一种。

　　一起看一本书、听一首曲,拉着手漫步街头,梁思成总是安静的,
林徽因话也不多,大多时候,他们就那般默默地牵手,聆听着这世界
的声音,共同感受这平淡时光里的心动与美好。他们看似一对恋人,
却又发乎情,止于礼,恋情进展缓慢,彼此循着缘分的脚步渐行渐止。

　　一场突如其来的车祸成了他们爱情的催化剂,这是谁也不曾想

到的。

1923年5月7日"国耻日",梁思成骑摩托车和弟弟梁思永上街参加学生示威流行,摩托车行到长安街时被汽车撞倒。梁思成伤及筋骨,落下残疾,左腿比右腿短了一小截,走路跛脚。林徽因丝毫没有在意,梁思成住院期间,她每天都在医院服侍,无微不至。

时值初夏时节,梁思成汗流浃背,衣服贴在身上,行动不便,林徽因不辞辛苦,为他揩面擦身,尽心尽力地照顾他。

患难见真情,林徽因的付出让梁思成感激万分,两人的感情迅速增温,越发温馨甜美。

车祸是坏事,可因此让两个人看到彼此的真诚,彼此更加坚定,坏事又成全了一件好事。而且,因为车祸,梁思成本来计划赴美留学的日期只得推迟一年,而林徽因正好中学毕业,也考取了半官费留学。

1924年6月,在梁启超的精心安排下,梁思成与林徽因同去美国宾夕法尼亚大学建筑系学习。两人比翼双飞,一起远赴异国他乡,共同面对独立而艰辛的求学生涯,彼此照应,互相体恤,感情愈加深厚。

有人说:"被爱是幸福的。"其实,真正的幸福,永远是互相爱。而幸福最基本的要素,是去爱,而不单单是被爱。

徐志摩爱林徽因,无论这爱是不是因虚幻而构想出来的完美和向往,林徽因所感受到的,都是不顾一切的痴狂。而林徽因,她自问她不爱徐志摩,她无法从心底接受这个大他八九岁的男人当她的丈夫,她不知如何面对他已残缺的婚史,面对不愿意接纳她的徐家父母,还有他的前妻张幼仪和他幼小的儿子,她明白,一时的激情无法保障永远的忠诚,所以,她勇敢地放弃了。

梁思成与林徽因

　　男女之间的爱情,有时候,就像天上的云彩一样瞬息万变,但无论怎么变,只有两情相悦的开始,才更有机会获得白首偕老的终结。

　　很多智慧的女子都懂得,真正的好男人,往往不是那种第一眼看起来就很闪亮的。

　　务实的男人才可靠,同样,务实的女人才明智。

　　那些外表亮丽、谈吐不凡的男人,虽有华而不实的浪漫,却难有同甘共苦的坚忍。而如梁思成一般沉稳踏实的男人,却常常能给予女人安定舒适的生活。

　　只可惜,很少有女人像林徽因一样,取舍有道。如若林徽因选择了徐志摩,那或者就是另一个陆小曼,亦或者是另一个张幼仪,终究会是一场悲剧吧!

　　爱情很容易让人陷入盲目与肤浅，两个人在一起痴痴相爱，很容易颠倒黑白——外面世界原本很重要的东西，在两个人的私密世界里反而轻如鸿毛；而在外人看来一点也不要紧的小事，在情人的眼里，却被夸张得重于泰山。爱情能美化丑陋，也能粉饰太平，它能化腐朽为神奇，也能化平庸为卓越，有时，这改变是真切的，而更多的时候，这粉饰是虚妄的。

　　爱一个人，包括爱上他的缺陷。问题是，你是否知道，你愿不愿意承担他的缺陷，能不能容忍他的缺点。

　　徐志摩离了婚，已经是个自由人了，看似无可挑剔了，他激情澎湃，他多情浪漫，他才华横溢，他痴情可嘉……正是这些优点，让他光芒四射，可是，林徽因想到的是，如果有朝一日，这些光环被生活的真实和琐碎抚平，她要面对的徐志摩，将会是什么样子的——对生活寄予了太多不切实际的梦想，浪漫多情到处处留情，不甘平凡度日，喜欢虚张声势？

　　梁思成呢，因为车祸，成了轻度残废的人，其貌不扬，个性内敛，放在人堆里，实在不能像徐志摩一样光彩照人，可是，这样的缺陷却是看得见并比较环保的，不会产生更大后遗症的。"两利相权取其重，两害相权取其轻。"在爱情的选择中，同样适用！

　　林徽因选择了梁思成，成就了一段"梁上君子，林下美人"的佳话，也证明了懂得取舍之道的爱情才会圆满，始于权衡的婚姻才会更幸福。

　　当徐志摩得到林徽因和梁思成相恋并一起留学的消息，晴天霹雳般的打击让他不由放声痛哭，他冒天下之大不韪去追求的爱人，最终却与他擦肩而过，成了别人的恋人，他情何以堪？

> 我将于茫茫人海中访我唯一灵魂之伴侣:得之,我幸;
> 不得,我命,如此而已。

这是徐志摩曾回复给梁启超的信,因梁启超致信劝他不要与张幼仪离婚。

"唯一灵魂之伴侣。"呵,这个"唯一"怕是让徐志摩用滥了,后来对陆小曼,徐志摩也是一口一个"唯一",可见,像徐志摩般多情的男子所说出来的"唯一"是不可信的。

面对失恋,徐志摩也并没有像他说的那样拿得起放得下,他饱受思念的折磨,茶饭不思,带着一颗不甘的心找到了林长民,迟疑地问起林徽因的行踪。

林长民拉着他到书房看字画,徐志摩便看到了这样几句诗行:"长者有女年十八,游学欧洲高志行。君言新会梁氏子,已许为婚但为聘。"这是一位老诗人为恭贺林长民而留下的墨宝。

徐志摩失魂落魄,他知道,他这一生,纵是再怎样对林徽因孜孜以求,再怎样朝思暮想,也是枉然! 他受不了这样的失恋,他自谓付出了那么多——为她写了那么多那么多炙热的情书,为她违背道德良知,为她伤了父母的心,为她抛妻弃子,结果,她决然离开,连机会都不给他!

嫉恨、失落让徐志摩无比沮丧,他用诗寄托他满腔愤懑:

> ……仓皇的,仓皇的,我四顾观礼的来宾——为什么这满堂的鬼影与逼骨的阴森? 我又转眼看那新郎——啊,上帝有灵光! ——却原来,偎傍着我爱,是一架骷髅狰狞!

呵,纵然高雅诗人徐志摩,失恋时,痛恨起情敌来也是这般尖酸!

　　人家梁思成好端端一个人,徐诗人要骂人家是面目狰狞的骷髅,用心之毒由此可见一斑。不过,念在他失恋的份儿上,有点儿极端言行实属正常生理反应,也先原谅这位仁兄吧。

　　郁闷了很久,徐志摩才从失恋的痛苦中微微解脱了些。可是,就当他努力把林徽因忘掉时,林徽因却再次出现在了他的视野中。

　　那天,是给大学生们作《艺术与人生》的演讲,徐志摩做了精心准备。可是,当他自信地拿出讲稿,准备开始一场妙趣横生的演讲时,一抬眼,正撞上林徽因黑亮犹如星辰的眸子,他死气沉沉的心顿时风生水起,他的声音变了调,颤抖得不像话,他神不守舍地糊弄完演讲。恍惚中,他都记不起演讲是怎么结束的,人们又是何时散了去,最终只留下他怅然若失地看着空荡荡的桌椅。

　　是的,林徽因回来了。新人不弃,旧情不忘,得当地处理与徐志摩的感情,让他纵使失意也不会心生怨恨,心甘情愿做她一生一世的朋友,这是林徽因又一过人之处。

　　做不了夫妻,做朋友也是好的。

　　爱有多深恨就有多深,因爱生恨是件可怕的事,轻者会让失恋者情性大变,自此消沉萎靡;重者会让失恋者愤世嫉俗,与你反目成仇,恨不得杀之而后快!无论轻重,都是让人烦恼的。

　　何况,大家都是一个圈子里的人,抬头不见低头见,若不及时化干戈为玉帛,这日后见了,将是多么尴尬的事?

　　林徽因深谙其中道理,所以,她与梁思成回国的前几天,她就约徐志摩同去香山游玩。

　　徐志摩以为有所转机,满怀期望而去。可是,林徽因待他有礼有节,一如既往地矜持内敛,那是一种委婉的拒绝,一种相敬如宾的姿态。她明确地告诉他,她与梁思成在一起很开心,她希望能得到他的祝福和友谊,也祝福他能早日找到自己的幸福。

徐志摩、林徽因陪泰戈尔游杭州

　　徐志摩彻底明白，这一生，他与林徽因，不再有情缘。

　　爱情退守为友谊，不是谁都能做到。面对林徽因温婉的拒绝，徐志摩努力保持着绅士风度，可求而不得的痛苦时时折磨着他，也让林徽因付出的友情如履薄冰。

　　然而，狂热的激情也终有变淡的一天，当林徽因终于让徐志摩知道，她们之间不会有结果，所有的一厢情愿只会是镜花水月时，徐志摩在颓丧的绝望中倏然止步，"忘掉一个女人最好的办法就是去寻找另一个女人"。徐志摩蓦然抬头间，那个明艳动人的陆小曼，变成了拯救他于水火的女子……

　　徐志摩把追求林徽因的狂热转向了有夫之妇陆小曼，这次，他劳有所获,并真的与陆小曼结为夫妻,开始了一段看似美好实则支离破碎的婚姻。而林徽因,理智的选择后,她拥有了踏实幸福的婚姻,成为徐志摩迷乱人生的旁观者。

后来,徐志摩与陆小曼发生争执的时候,不知当徐志摩把满腹牢骚对林徽因诉说时,林徽因做何感想。有时候,梦想就是梦想,如果非要把梦想变成现实,只能是自找苦吃。有的男人,或者,有的女人,他们注定只适合在爱情中扮演梦想者,如若牵手婚姻,还是选择那些脚踏实地的人吧。

与徐志摩和陆小曼失败婚姻相反,林徽因与梁思成相扶相携、琴瑟相合。他们一起在美国的学习生活使他们的爱情越发甜美,而后来两家多有变故,夫妻两人也能互相体恤,共渡难关。

先是梁思成的母亲因乳癌复发而离世,随后,林长民被刺杀,两边的家庭都需要林徽因和梁思成照顾,两人虽然分身乏术,仍然尽心尽力地照顾家中老小。更可贵的是梁思成,为了料理林长民的丧事,他不辞劳苦地奔波;而林徽因一边照顾婆婆,一边开导安慰丈夫,从无抱怨。

真正的爱情是激人奋进的,而不是把时间浪漫在风花雪月上不思进取的。

来自家庭的挫折并没有折损这对恋人的志向。1927年,林徽因在宾夕法尼亚大学美术学院毕业后,又进耶鲁大学戏剧专业学习了半年舞台美术设计,成为中国向西方学习舞台美术的第一位留学生。同年2月,梁思成获宾大建筑系学士学位,后又在哈佛大学获建筑学硕士学位。

1928年3月21日,情投意合的恋人终于结为伉俪。

林徽因与梁思成心灵相通、惺惺相惜,即使在被生活劳累的时候，彼此间也充满了浓情蜜意。只是这浓情蕴藏在俗事中，不那般显露，如清泉涓涓流淌，让两个人的生活暗香浮动，充满情趣。

比比记忆、互相考测、做些小情小调的游戏，两人如李清照、赵明诚再世般，享受着温馨甜美的二人世界。

民国时期文人中流行着一句俏皮话："文章是自己的好，老婆是人家的好。"而梁思成则将其改成："文章是老婆的好，老婆是自己的好。"由此可见梁思成对林徽因的宠溺。

成功而幸福的婚姻成就了林徽因与梁思成不凡的事业。1928年8月，夫妻二人偕同回国，一起受聘于东北大学建筑系。林徽因先后受福州师范学校和英华中学的邀请，作《建筑与文学》《园林建筑艺术》的演讲，并为其叔叔林天民设计福州东街文艺剧场。第二年，她到东北大学讲授《雕饰史》和英语，在社会上声名渐起，崭露头角。

随后，林徽因参加了由张学良出资发起的征集东北大学校徽图案大奖赛，她设计的"白山黑水"图案一举夺魁，拿下了比赛的最高奖金。

夫妻两人举案齐眉，不仅共同致力于古建筑的考察研究，还共同从事建筑设计。两人多次深入晋、冀、鲁、豫、浙各省，实地调查勘测了数十处古代建筑，并合作发表了《论中国建筑之几个特征》《平郊建筑杂录》《晋汾古建筑调查纪略》等有关建筑的论文和调查报告……

相扶相持的日子里，夫妻同心协力，使中国古代建筑研究成果走向世界，为中国建筑史的发展作出了卓越贡献，两个人的才思都得到了最好程度的发展。婚姻幸福，事业有成，相比双双落魄的徐志摩和陆小曼，迥然不同的境况令人嘘唏。

衡量一桩婚姻是否失败的标准之一，就是看夫妻两人是否可以

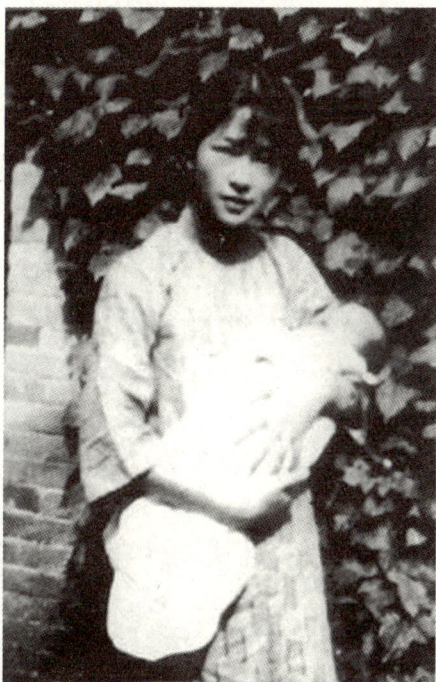

初为人母的林徽因

志趣相投,在事业上齐头并进。这是林徽因的婚姻给我们的启示。

徐志摩原本才华横溢,可与陆小曼折腾到最后,他成了生活的奴隶,再没有飞扬的灵思,爱情与婚姻最终让他心力交瘁,不堪重负,这样的婚姻无论对徐志摩还是陆小曼,都是失败的;而林徽因和梁思成却能比翼双飞,这样的爱情与婚姻才应是我们向往的。

找一个值得爱的人,然后用心去爱,但别爱得深到弄丢了自己。

想成功地塑造一桩婚姻、一个男人,先得像林徽因一样塑造成功的自我,做个热情、动静相宜、勇敢、坚韧、勤俭、贤良的女子,并在婚后自始至终保持、完善这样的自我,爱情就可以为你停下匆促的脚步,在你的婚姻里恒久流芳。

情不知所起，一往而深

　　也许每个美丽女子都会邂逅诱惑，会面临情感的迷茫与选择。

　　除了徐志摩和梁思成，林徽因还有大批的爱慕者，其中，金岳霖执着深沉的爱，令人动容。

　　金岳霖是中国一流的哲学家，他和徐志摩、梁思成一样，在各自的领域中独占鳌头。他1914年毕业于清华大学，后留学美国、英国，又游学欧洲诸国，回国后主要执教于清华和北大，是一个才学满腹、见识非凡的人。

　　金岳霖不仅才高八斗，而且仪表堂堂，一米八的个头，风度翩翩，极富绅士风度。

　　认识金岳霖，是因为徐志摩。金岳霖是徐志摩的朋友，当年徐志摩跟张幼仪离婚，金岳霖就是见证人之一。一天，徐志摩带金岳霖到林徽因和梁思成家，林徽因第一次和金岳霖见面。

　　那时，林徽因和梁思成还没有结婚，正处于恋爱初期，徐志摩正狂热地追求着她，也就是说，林徽因还是自由的，她可以自由地选择以后相伴一生的男人。

　　眼前的金岳霖，才情不输徐志摩和梁思成，长得比徐、梁好些，性情也似乎是徐、梁二人的综合，沉稳中不失浪漫、率性中不失诚挚，他分析问题总是入木三分，语言简练概括，散发着理性的光辉，他在人群中那般卓然，是所有女子梦寐以求的男子。

　　对于徐志摩追求林徽因的事，金岳霖一针见血地说："徐志摩满脑子林徽因，我觉得他不自量啊。林徽因梁思成早就认识，算得上两小无猜啊。两家又是世交，连政治上也算世交。两人父亲都是研究系的。徐志摩总是跟着要钻进去，钻也没用！徐志摩不知趣，我很可惜徐志摩这个朋友。"

幸福的林徽因

　　可是，旁观者清，金岳霖能这样客观冷静地看徐志摩的狂热，却无法清醒地处理自己的感情，留学欧美，见过诸多中外女子的他，还是不由自主地被林徽因迷住了。难得的是，他的爱那么宽博，那般神圣。

　　他喜欢林徽因，却知道先来后到的道理，他不破坏林徽因与梁思成，而只是默默地陪伴着、关注着林徽因，做她生活上的良师益友。

　　"爱她，只要看到她，知道她幸福就好。"当爱情升华为一种高尚的包容，那它就真成了世上最可贵的情感。

　　"比较起来，林徽因思想活跃，主意多，但构思画图，梁思成是高手，他画线，不看尺度，一分一毫不差，林徽因没那本事。他们俩的结合，结合得好，这也是不容易的啊！"这是金岳霖评价林徽因与梁思成的话，客观而实在，丝毫没有嫉妒与狭隘。

　　金岳霖对林徽因十分倾慕，尽力呵护，却又不肯横刀夺爱。对这样的谦谦君子，林徽因也十分钦佩敬爱，这样的情感很容易突破界限发展成挚爱。林徽因也曾心乱，但她把这种心乱坦诚地讲给梁思成听："思成，我痛苦极了，我现在同时爱上了两个人，不知怎么办才好。"

梁思成听了,苦思一夜,比较了金岳霖与自己的优劣,同样坦诚
地告诉林徽因,她是自由的,如果她选择金岳霖,他会祝福他们。

这样的梁思成真是伟丈夫,他没有像一般的男人那样,听说自己
的女人爱上另外的男人而勃然大怒,而是这样说,这样做。

林徽因何其幸运,她同时遇上了两个把她的幸福放在首位的男
人。当她原原本本地把一切告诉金岳霖时,金岳霖的回答更率直坦
诚得令人诧异:"看来思成是真正爱你的。我不能去伤害一个真正爱
你的人。我应该退出。"

爱人之间,最最难得的是信任,朋友之间,最最难得的是坦诚。

从那以后,金岳霖与林徽因、梁思成毫无芥蒂地毗邻而居,金岳
霖自始至终都理智地驾驭着自己的感情,默默关爱着林徽因而又不
让她烦恼。

情到深处无怨尤,这样的爱,让林徽因温暖一生。

金岳霖为了林徽因而终身未娶,一直与林徽因和梁思成保持着
让人无法理解的亲密关系。三个人在一起其乐融融,两个男人更不
曾为争风吃醋而有丝毫争执,不得不说,这是一个奇迹。

情不知所起,一往而深。

无论是爱情,还是婚姻,想要持久,唯一的法则,或许就是"包容"。

幸福的婚姻生活本身是由不断的体恤与包容构建的。索取的同
时有真心的付出,限制别人的同时,自己也有所约束,要让两个独立
的人真正整合并和谐地生活,就应该像林徽因一样坦诚,像梁思成一
样宽容。

有一句形容婚姻生活的话十分中肯:"温和的话语和一颗包容的
心,能抹去所有的愤怒!"

可惜,在生活中,有很多夫妇,他们对自己的婚姻深感失望,因为

人间四月天

　　他们对婚姻生活和自己的爱人都期望得过高,自己又没有坚韧、宽容的态度和胸襟。他们用自己美好的想象来苛求婚姻,而现实的困难和烦恼总使他们感到有无法接受的落差,他们互相抱怨、互相伤害,却从来不肯好好反思自己的言行。结果,美丽的妻子变得不可理喻,潇洒的丈夫变得俗不可耐,当一切美好被他们亲手摧毁的时候,他们在眼泪中怨天尤人,却绝没想到,造成婚姻失败的,正是他们自己。

　　假想,如果梁思成因为金岳霖的存在而猜疑、指责林徽因,那结果会怎样? 林徽因绝不会再信任梁思成,有什么话也不会同他讲,或者,她真会离开梁思成和金岳霖走在一起。

　　所以,从某个角度说,宽容诚挚的梁思成成就了林徽因圆满的爱情与婚姻,这也正说明,林徽因在择偶上慧眼独具。若换了徐志摩,怕又是另外一种情形了吧。

　　彼此信任,坦诚相待,互相包容,认真生活,面对诱惑有自己的坚守,然后懂得随时与爱人沟通。有了这些,婚姻便不再高深莫测,它会变成最易操控也最让人开心的所在。

　　不相疑,才能长相知。

　　　　我说你是人间的四月天;
　　　　笑响点亮了四面风;
　　　　轻灵在春的光艳中交舞着变。

　　　　你是四月早天里的云烟,
　　　　黄昏吹着风的软,
　　　　星子在无意中闪,
　　　　细雨点洒在花前。

　　　　那轻,那娉婷,你是,
　　　　鲜妍,
　　　　百花的冠冕你戴着,
　　　　你是天真,庄严,
　　　　你是夜夜的月圆。

　　　　……

　　透过林徽因温婉醉人的诗行,让我们撷一路四月天里的明艳,收藏星光月华、花香鸟语,用心拥抱生活,感受幸福。

真情
难得，　　人言可畏

昙花一现
阮玲玉

女人恋爱不宜早

阮玲玉,这曾风靡一时、红遍天下的女子,在事业如日中天的时候,因在爱情的迷途中身陷泥沼不能自救,让华丽的人生戛然而止,留下后人无尽的惋叹。

"天妒红颜,真情难得;人言可畏,红颜薄命。"这便是对阮玲玉短暂一生的概括。

她曾是那样坚韧顽强。幼时,因父亲过早去世,为了维持生活,她很小就随母亲去别人家里帮佣,受尽艰辛和屈辱,做杂役、当婢女,小小年纪就已受尽世间沧桑。可是,贫贱的生活境遇并没有击垮眉清目秀的小女孩,她迷恋表演艺术,并为实现登台表演的梦想而勤奋刻苦地学习。

随着年龄渐长,她的演技也日益精湛。在无声片时代,她能准确地运用表情和动作来表现人物的性格和特征;进入有声片时期,她更能快速地领悟导演的意图。她总能将所演人物刻画得淋漓尽致,让观众为之动情,也因此赢得了广大观众由衷的倾慕。

不久,她便成了引人注目的女星。随之而来的,还有爱情。像所有憧憬真爱和幸福的女人一样,阮玲玉也满怀激情地投入了。只是不曾想,当伪善的面具被撕毁,曾经的恋人变得面目狰狞,让她从梦幻的云端跌入了尘埃,丧失了活下去的勇气……

爱情会变脸。

有时,它可以一直向你微笑,给你阳光与欢乐,温暖你一生;有时,它又会像魔鬼一样褪尽华美的袍子,露出令你措手不及的狰狞面目,给你毁灭性的伤害。

都说是天生丽质难自弃,阮玲玉幼时,也曾为梦想而全力以赴。但当她遭遇了爱情的冷遇,心如死灰时,还是绝决地自弃了绝代风华……

从阮玲玉短暂一生的沉浮中,能得到更多的启迪或许是,女人恋爱不宜早。

爱情与婚姻永远是女人一生的主题。虽然张爱玲说过"出名要趁早",但女人恋爱还是应该放缓脚步。

在事业上,每个人都可能有很多转行择业的机会,可在选择生活的伴侣时,却不能像择业一样轻松随意。在心智尚未完全成熟的时候,过早的恋爱,很容易为以后的生活埋下隐患,并有可能为此付出沉重的代价。

1910 年的上海,阮玲玉与她生命中的第一个男人张达民相恋了,那时,她仅仅 15 岁,而张达民,也只有 18 岁。这是一段将给阮玲玉带来灭顶之灾的孽缘,可当恋情刚刚拉开帷幕的时候,也是那般光怪陆离,迷幻着少女纯洁的心。

恋情的开始似乎是灰姑娘与王子的版本,彼时,阮玲玉是陪母亲到主顾家做事的婢女,而张达民就是这家主顾的儿子,他不但没有轻视阮玲玉卑微的处境,反而向她发起了殷勤的攻势。阮玲玉当时的生活很拮据,张达民就拿自己的钱去帮助她,而且不顾东家母的坚决反对,情真意切地向阮玲玉求婚。

患难见真情,这样的多情少年郎是很多少女梦寐以求的,阮玲玉感动复感激,所以,在张达民提出要与她同居时,她同意了。两个没有工作的少年对生活没有任何规划,在一起浑浑噩噩地玩乐度日,跳舞、搓麻,无所用心。

薄伽丘说:"真正的爱情能够鼓舞人,唤醒他内心觉醒着的力量和潜藏着的力能。"真正的爱情是充满希望的,是让相爱的双方在相依相偎的同时,有共同的人生目标和进取的力量。而阮玲玉和张达民的爱情却是以堕落开始的,他们终日流连舞场,仅靠张家那点儿月份钱混日子。这时的阮玲玉也已不再是从前纯真的少女,她因早熟而变得世故。在接下来的岁月里,从 16 岁到 25 岁近 10 年的时间里,她为这个玩世不恭的男人付出了青春和用血汗换来的金钱,而张达民也由最初的多情少年郎变成了一个榨取她血汗的无耻之徒——这是阮玲玉始料不及的。

没有哪一个女子不向往纯美的爱情,但当身体和心智尚未成熟的时候,最好不要过早地涉入爱恋,婚前同居更应避免。

婚前同居对婚姻有害无益,婚前便轻易得到女人的男人,往往不会娶这个女人做自己的妻子。因为在潜意识里,在他得到她的那一刻,他对她的责任感已经消减,她的神圣、神秘和纯洁已经不复存在,他的内心已认为她是个随便的女人而不再珍惜。

阮玲玉的人生,因张达民的引诱而步入歧途。她却无法清醒地看到潜伏的危险,盲目地依赖着这个男人,挥霍着自己可贵的青春。

不过,所谓"祸兮福所倚,福兮祸所伏"。

正因为张达民,阮玲玉舞艺精进,加上她傲人的丽质,使她倍受瞩目。正巧张达民的哥哥张慧冲是个电影人,他发现弟媳阮玲玉与生俱来的表演天赋,就带阮玲玉进入演艺圈,介绍她考入明星影片公司,让她成为一名电影演员。

上海电影业的发达,造就了阮玲玉的蹿红,她独特的领悟力让她很快在演艺圈崭露头角,先后主演了《挂名夫妻》等影片。随后,她转入大中华百合影片公司,主演《情欲宝鉴》等多部电影;1930 年又转入黎民伟、罗明佑创办的联华影业公司,主演《野草闲花》,一举成名,奠定了她在影坛不可替代的地位。

一代影后,因为一段堕落的爱情而意外诞生,她由一个名不见经传的少女变成全国妇孺皆知的影星。从这个角度说,阮玲玉走了一条捷径,这与现在很多女星通过潜规则上位一样,区别只在于阮玲玉

《野草闲花》（1930 年）剧照

　　是无心插柳柳成荫。也正因为阮玲玉过早地体会了生活的艰辛和不易，年纪轻轻的她才能把影片中的角色演绎得自然而深刻。无论饰演低下阶层的堕落女性，还是旧社会受欺压而不反抗的弱女子，她的表演总会让人有如见其人、闻其声的感受。她演活了社会各阶层不同的女性形象，被人赞誉为中国的嘉宝、褒曼。

　　事业的如火如荼让阮玲玉成长、成熟起来，影片中各个阶层不同女性人生的起伏影响着她，她渐渐开始对与张达民的爱情充满疑惑和不满。因为自她投身演艺圈，张达民更加游手好闲，吃喝花销全靠她演戏的片酬，而且花得大手大脚，从不心疼。

　　这就好比张达民从前放了一笔高利贷，对阮玲玉施以微薄的接济，然后等到阮玲玉有能力还债的时候，就加倍地索取，连本带利、利滚利，贪得无厌，没完没了，而且贪得理直气壮、无所顾忌。这让阮玲玉越来越无法忍受，她辛苦赚来的片酬，自己用得有限，尽数被张达民搜刮了去，这个好逸恶劳的少爷摆足了吃她一辈子的架式,让她苦不堪言。

　　早恋让阮玲玉有机会进入演艺圈成为一代影后,坏事变成了好事;成为影后的阮玲玉不得不面对张达民无休止的索取,好事又变成了坏事。阮玲玉就在这福祸相倚的人生中迷茫前行,渐渐觉醒的她萌生了摆脱张达民、向往真爱的心意。她把这些心意融入到了她所饰演的各阶层的女性角色中,女工、村妇、教员、舞女、妓女、艺人、作家等,她投入其中,不能自拔,在一段段似真似幻的虚构人生中,经历坎坷、屡遭磨难而一直奋斗不息。虽然,这些角色最终多以自杀、出家、入狱、惨死为结局,但她们善良正直的天性和纯洁美好的心灵自始至终感动、震憾着阮玲玉,让她渴望在现实生活中摆脱苦难,获得新生与真爱。

　　然而,张达民一边把阮玲玉当成摇钱树,一边变本加厉地挥霍享受。此时,两人的爱情已经不复存在,他们之间似乎更多已成为讨债与还债的关系……阮玲玉陷入痛苦之中无力自拔。

　　就在阮玲玉事业辉煌、爱情惨淡的时候,"一·二八"事变在上海爆发了。上海陷入战火之中,很多富商为了安全纷纷躲避到了香港,阮玲玉也带着自己的养女和张达民一起避难来到了香港。

　　在香港,阮玲玉遇到了她生命中的第二个男人,开始了她另一段失败的恋情……

一错再错,真情难得

　　在很多偶像剧里,生活困窘的美丽女孩意外邂逅帅气又多金的钻石王老五,从此改变黯淡的命运。这样狗血的情节与琼瑶阿姨的言情小说遥相呼应,很洗脑地被若干美眉认定是命运中随时可能发生的事。过程无疑是浪漫的,结局无疑是美好的,麻雀变凤凰的美梦无疑是诱惑的,可是,现实生活中,这样的故事结局会怎样?阮玲玉的死或许可以给出部分答案。

那时的阮玲玉,举家迁至香港,人生地不熟,生活多有不便。好在阮玲玉当时已经是影视圈当红明星,香港影视界也十分关注她,她临时进入联华电影公司继续拍电影,工作之余少不了许多应酬。

唐季珊,这个东南业著名的富商,以茶叶生意起家,家财万贯,是香港联华电影公司的大股东之一。在一次晚宴上,唐季珊看到了清丽典雅的阮玲玉,顿时心动神迁,念念不忘。他知道阮玲玉喜欢跳舞,就带她去各种高级场合跳,让阮玲玉出尽风头,享受公主般的优待。

唐季珊这样的男人,因腰缠万贯而有资本游戏人间,终日流连花丛,放浪成性。他阅人无数,懂得如何讨女人的欢心,他对他感兴趣的女人一掷千金,不仅在吃穿用度上给阮玲玉极大的满足,还买了一幢小洋楼供阮玲玉居住。

自小饱受窘迫生活压抑的阮玲玉在唐季珊的强势追求和甜言蜜语下,以为苦难的生活终于结束了,她对唐季珊由开始的敬而远之,变为被动的接纳,再慢慢变为主动的迎合。终于,她适应了唐季珊无微不至的关照,在唐季珊的温柔陷阱里越陷越深。

可是,唐季珊是有妇之夫,他的原配在广东,娘家家大业大,很有实力,唐季珊创业之初完全是仰仗原配娘家的资助起家的。他在外面风流成性,却从来没想要为哪个女人离婚,他和那些拈花惹草的男人一样,对阮玲玉不过是色欲熏心、一时兴起罢了。可阮玲玉,却渐渐动了真心。

　　与事业有成、体贴入微的唐季珊相比,游手好闲的张达民越发不值一提了。正值春风得意的阮玲玉越来越厌烦这个一无是处的张达民,争吵不断升级,阮玲玉一怒之下,与张达民分道扬镳,满怀希望地投向唐季珊的怀抱,在唐季珊为她购买的小洋楼中,与唐季珊同居了。

　　同居后,阮玲玉发现唐季珊不只有她一个女人,同是影视圈的另一美女张织云也常和唐季珊出双入对。阮玲玉没有因此中断与唐季珊的同居,而是和张织云争风吃醋起来。唐季珊左右权衡了一下,觉得张织云他已经玩腻了,不如阮玲玉新鲜,就冷落了张织云。

　　被抛弃的张织云很难过,写信奉劝阮玲玉:"唐季珊对我无情,日后对你必将无义。"可是,阮玲玉根本听不进去,只当张织云在嫉妒她,她不仅没有离开唐季珊,反而对唐季珊能为她舍弃张织云而自得,越发对这个男人死心塌地了。

　　这真是个落入俗套的故事,但这样的故事情节似乎经久不衰,女人与女人的战争此起彼伏,对男人的争战从来就没有消停过。每个痴心的女人都希望成为那个浪荡子最后的唯一,看到被自己打败的对手幸灾乐祸,却少有兔死狐悲的醒悟,这是女人们的愚蠢和悲哀。

　　可怜之人必有可恨之处,被抛弃的命运,只是女人咎由自取。

　　阮玲玉同样不值得同情,她也愚蠢地认定,唐季珊对她情有独钟,会呵护她一生一世,再也不会对别的女人动心。于是,她对唐季珊言听计从,温柔有加,却不知道,这样的她,已经让唐季珊在满足了征服欲之后,日渐厌倦。

　　像唐季珊这样朝三暮四的男人,对女人们只有一时的兴趣,没有长久的真情,他当初追求张织云与后来追求阮玲玉的手段大同小异,一朝得手,便弃之如敝履,毫无怜惜。阮玲玉痴心所望,换来的终将是更大的伤害。

《小玩意》（1933年）剧照

因阮玲玉"嫌贫爱富"而被抛弃的张达民气急败坏，跟自己同居了八年、因他而成为一代影后的女人想把他甩了，他怎么咽得下这口气？仇恨和嫉妒让张达民发了疯，人性中所有恶劣的本性都被激发了出来。

曾经所有美好的过往终于撕开了温情的面具，露出丑陋、狰狞的面目，"只要你过得比我好"这样的虚言假意被现实无情地揭露，好合好散的情节只限于高素质的恋人，如若运气不好遇上了张达民似的小人，想要离开他独善其身简直比登天还难。"你不仁，我不义"，这个表面上看起来洒脱的男人骨子里就是个斤斤计较、无恶不作的无赖，他无法忍受阮玲玉甩了他并过上安逸富足的生活，他像魔鬼般纠缠阮玲玉,敲诈、勒索,不择手段,而且勒索金额一次比一次大,越来越贪得无厌。

　　起初,阮玲玉为了息事宁人,背着唐季珊满足张达民一次次无理的要求。可是,欲望的血盆大口一旦打开,就没有满足的时候,张达民觉得阮玲玉软弱可欺,变本加厉地纠缠她、勒索她。这件事还是被唐季珊发觉了,唐季珊当然不愿意,冷颜令色道:"你要给他钱是可以的,我是不给的,但是我觉得你这样给下去的话,是没完的,他是一个无赖。"言外之意是,你不要拿着我的钱去养小白脸。阮玲玉左右为难,怕得罪了唐季珊,就对张达民退避三舍,不肯再给他钱了。

　　于是,张达民一不做二不休,一纸诉状将阮玲玉告上了法庭,诬赖阮玲玉以前住在他们家的时候,偷走了他们家很多东西,还把这些东西送给了唐季珊,这等于把唐季珊也告了。这无赖的做法也太恶毒、太可笑了,若是在现在,别说这事已经过了诉讼期了,就说他屡次敲诈阮玲玉就够他搬起石头砸自己的脚了。可惜当时阮玲玉没有录音笔,在被敲诈时也没有保留证据,可见生不逢时也是上天注定,阮玲玉命不好,遇上张达民这么个无赖不说,看似多情的唐季珊同样上不了台面。

　　唐季珊一看,自己受了牵连,为了维护自己的名誉,他也向法院告了一状,告张达民栽赃诬陷,要告他诽谤罪。为了让自己告得理直气壮,唐季珊要求阮玲玉出面在报纸上登一篇宣言,写明她没有把张家的东西偷来送给他,他们之间没有经济上的瓜葛,来证明他唐季珊的清白。

　　前男友和后情人打起口水官司来,把阮玲玉夹在当中当球踢,阮玲玉左右不是,闹得名声扫地,苦不堪言。

　　事已至此,真是乏善可陈,两个男人,两份感情,没有一份是真爱,阮玲玉怨天怨地不如怨自己,遇人不淑,是因为她目光短浅,为追

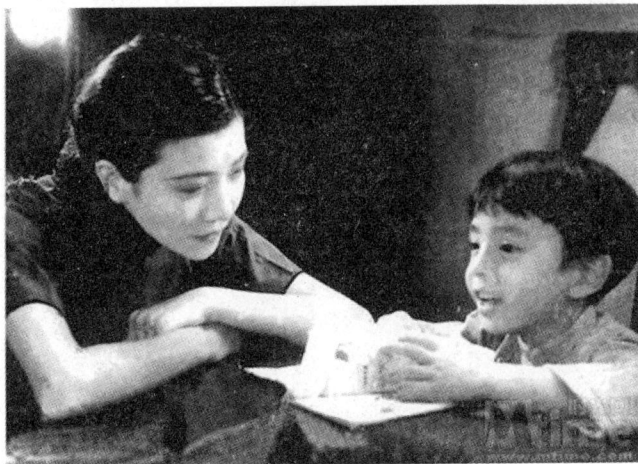

《神女》（1934年）剧照

求享受和安逸，一次次把希望寄托在男人的身上。如果说她年幼无知时被张达民所迷惑，那么等她功成名就的时候，明知道唐季珊有家室、有情人，还一厢情愿地投怀送抱，这样的结果，又能怪谁呢？

可见，女人无论何时，都要学会独立，只有在精神和物质上能够自立的女人，和男人交往的时候才能理直气壮，才能够不受其胁迫，否则，只能自食恶果。

生活不能重来，一步错步步错。如果，阮玲玉不在情窦初开时与张达民混在一起，即使后来成不了影后，也不至于被张达民逼得走投无路；如果她不因虚荣而投奔唐季珊，即使没有花园洋房，至少不会腹背受敌，被唐季珊落井下石后又惨遭抛弃。

阮玲玉的命运似乎不可逆转地走向了毁灭，她终于受不了现实无情的打击而自杀。那个曾一度坐在花园里巧笑嫣然的一代影后留给我们的，却是无尽的思索……

被舆论推上风口浪尖的阮玲玉四面楚歌，负面新闻不断炮轰着这个可怜的女人,一些不怀好意的人更是造谣中伤不遗余力。由此,阮玲玉的事业急转而下,片约大幅减少。而就在阮玲玉举步维艰的时候,唐季珊却在外面又有了新的相好,这个女人,正是阮玲玉最好的朋友梁赛珍。

阮玲玉郁闷至极,她困顿在人生的低谷,生命的弦被绷得紧紧的,一触即断。而就在这时,似有一丝曙光从天而降,中国第一个获得国际大奖的导演蔡楚生前来找阮玲玉拍摄《新女性》。名声在外的著名导演和一部好剧本,让阮玲玉黯淡的心境有了些许希望,她努力忘掉伤痛,振作精神,全力以赴去表现影视中在困境中挣扎的女主角。

与剧中女主角相似的人生际遇,让阮玲玉对女主角的处境感同深受。她的表演十分出色,在场的观众都被深深打动了。而阮玲玉也沉浸在剧情中不能自拔,她感觉自己就像女主角一样,人生已陷入一片沼泽。女主角吞药自杀,阮玲玉躺在那里,真切地感受着在深切的绝望中,求生的欲望如烛火般幽暗地摇曳,死亡似乎是唯一的解脱,也是唯一可以拯救她苦难人生的途径。那样,所有的罪恶、所有的痛苦都将随着生命的终结而中断、消失……最终,女主角"死"去了,阮玲玉闭着眼睛,黑暗的世界变得一片宁静,她的心却痛缩在绝望中,似乎她的生命真的已经枯竭……

阮玲玉的出色表演深深震撼了导演蔡楚生,他默默地陪在片场,待人群散尽,他看着她悲伤凄迷的样子,从心底感到不舍。两人促膝长谈,吐露着各自的心声,彼此惺惺相惜,暗生情愫。

男女间的情爱常常是由情感的共鸣开始的,当阮玲玉了解到蔡楚生和她是同乡,和她一样出身低微,而且,蔡楚生并不像其他导演那样是科班出身,而是通过自己的努力,从学徒一步步成为著名的导

《新女性》(1934年)剧照

演时,阮玲玉对蔡楚生有了亲近之感和敬佩之情。同时,两人又都对电影表演艺术有深刻的领悟和炽热的追求,相同的志趣也让他们彼此的心灵迅速拉近。

痛苦中的阮玲玉如看到了生命迷途中的引路人,她毫无防范地向蔡楚生倾诉所有郁积的愁苦,她在蔡楚生深情的目光中燃起了希望,希望这个男人可以救她于水火,帮助她走出厄运的沼泽,摆脱张达民和唐季珊带给她的梦魇。

然而,阮玲玉的悲剧就在于,每次她都把希望寄托在男人身上。这样的错误,她一犯再犯。

蔡楚生虽然同情阮玲玉的遭遇,喜欢她出众的表演天分,但作为一个事业处在上升期,而且处在成就功名最关键阶段的导演,权衡再三后,还是不想自找麻烦。

于是,蔡楚生渐渐对阮玲玉敬而远之,阮玲玉一腔柔情再次错付于人,无尽的失望与悲愁彻底埋葬了她对生世的眷恋……

人言可畏,人心凉薄

红尘如梦,阮玲玉的人生在经历了大起大落之后,曾经红遍大江南北、众星捧月的尊荣似乎已一去不复返。张达民和唐季珊的口水战还在继续,蔡楚生的友爱也已由热变冷,不再温存,阮玲玉如同被丢弃在人间荒漠中,举目无亲,四顾苍茫。

雪上加霜的是,《新女性》又突然遭到小报记者的强势攻击,言辞犀利,极尽责骂嘲讽,一时间,谣言四起,风声鹤唳,阮玲玉惶惶不可终日。

她终于不堪忍受精神上的压抑和折磨,想到了《新女性》中的女主角,那个满怀梦想不断抗争的女子,终究还是被无情的现实击倒,绝望地吞药自杀……

梦里梦外,戏里人生,此时的阮玲玉已经分不清自己是在演戏,还是受戏般人生的摆布了。她厌了,倦了,哀莫大于心死,她心力交瘁地写下"人言可畏"的遗书,绝然吞下了毒药。

昏沉中,生命如风中残烛,忽明忽暗,随时会熄灭,这时若有及时的救治,阮玲玉或许还能绝处逢生。可惜,自私的唐季珊只怕连累了自己,想着法子全身而退。他竟然舍近求远,把阮玲玉送去一个偏僻的诊所。可小诊所晚上没有值班医生,无奈之下,唐季珊只好又把阮玲玉送去自己一个私人医生朋友那里。结果,这个私人医生又说自己医术浅薄,让找其他医生会诊。就这样,折腾来折腾去,阮玲玉被错过了最佳抢救时间……

一代影后阮玲玉香消玉殒,她死于这伪善而凉薄的人情世故中,死于她无法自救的怯懦中,死于曾对她甜言蜜语的男人自私的算计中。她如天空最闪耀的星辰,华丽地冉冉升起;又如最落魄的流星,在人海中一闪而逝,只留下闪光的轨迹和一片寂寥、悲凉的空白。

三段情,三声叹息。

人死不能复生,活着的人却要继续作戏。

阮玲玉的死激起了轩然大波,喜爱她的观众们痛心难舍,有不少影迷追随她的香魂而去。而她生前曾痴恋过的唐季珊却假惺惺地粉饰自己,把责任推得一干二净,他说:"阮玲玉太爱我了,我也太爱阮玲玉了。"然后拿出阮玲玉的遗书,遗书上写着:"我是爱你的,我也希望你能够一直好,就是说我走了,你就可以不被人诬陷了……人言可畏,人言可畏!"证明阮玲玉是不想继续拖累他而自杀的,她死于"人言可畏",而不是死于他移情别恋和他的自私冷酷。

至于遗书的真假,没人知道。

为这样的男人自杀,实在不值。

生前,人情淡薄,让名闻天下的阮玲玉生无可恋。她死了,隆重的葬礼再怎样热闹,也不过是演给活人看的冷笑话。当她的灵柩从万国殡仪馆移往闸北联义山庄墓地时,她生前的好友差不多都到齐了,声势浩大的队伍将近300人,无不面容凄伤,眼含热泪。阮玲玉活着的时候,他们又在哪儿呢?如今她死了,看不到听不到感受不到了,活着的人们却这般兴味盎然地表达同情和愤慨!

于是,阮玲玉的死成了一个谜。

在轰轰烈烈的猜谜过程中,阮玲玉的遗书也出现了若干版本。唐季珊的那份看起来实在不像遗书,倒更像情书——因为爱你,生命可抛,只要你好,死也心甘。唐季珊"太爱"阮玲玉了,所以他生前把

阮玲玉的死成了一个谜

阮玲玉当挡箭的靶子，然后始乱终弃，然后见死不救。阮玲玉死了，他还要借着阮玲玉的亡魂沽名钓誉，一封"人言可畏"的遗书似乎还不够煽情，唐季珊又拿出一份更动人的遗书来：

> 季珊，我真做梦也想不到这样快就与你死别，但是不要悲哀，因为天下无不散的筵席，请代千万节哀为要。我很对你不住，令你为我受罪。现在他虽然这样百般的诬害你我，但终有水落石出的一日，天网恢恢，疏而不漏，我看他又怎样的活着呢。鸟之将死，其鸣也悲，人之将死，其言也善，我死而有灵，将永永远远保护你的。我死之后，请代拿我之余资，来养活我母亲和囡囡，如果不够的话，请你费力罢！而且刻刻提防，免他老人家步我后尘，那是我所至望你的。你

如果真的爱我，那就请你千万不要负我之所望才好。好了，
有缘来生再会……

而另一个版本的遗书或许更为真实：

> 达民，我已被你迫死的，哪个人肯相信呢？你不想想我
> 和你分离后，每月又津贴你一百元吗？你真无良心，现在我
> 死了，你大概心满意足了啊！人们一定以为我畏罪，其实我
> 何罪可畏，我不过很悔悟不应该做你们两人的争夺品，但是
> 太迟了，不必哭啊，我不会活了，也不用悔改，因为事情已经
> 到了这种地步。

> 季珊，没有你迷恋别人，没有你那晚打我，今晚又打我，
> 我大约不会这样做吧，我死之后，将来一定会有人说你是玩
> 弄女性的恶魔，更加要说我是没有灵魂的女性，但那时，我
> 不在人世了，你自己去受吧！过去的织云，今日的我，明日
> 是谁，我想你自己知道了就是。我死了，我并不敢恨你，希
> 望你好好待妈妈和小囡囡……没有我，你可以做你喜欢的
> 事了，我很快乐。

一切乱七八糟、你争我吵的俗事都随着阮玲玉的死终结了。不
过，阮玲玉这种亲者痛、仇者快的愚蠢做法实在不值得提倡。被张达
民揭露是女佣生的女儿又怎样？被唐季珊离弃了又怎样？不演戏了
又怎样？有什么大不了的事值得拿自己的生命去换？

爱自己，才能爱别人。不要因为贪恋什么而改变自己去迎合任
何人，女人应该自强自立。除此之外，女人一定要学会对自己宽容。

我们一直倡导"推己及人"的风尚,提倡对待别人应有宽容、仁爱之心,宽容是一种美德,一种力量,对别人的错误和失误给予理解、宽容,让别人有改错的机会,这是难得的善举,而对于每个女人来说,对自己的宽容也尤为重要。

所谓宽容,是对整个世界的理解和接纳,它是高阔的天空容纳江河湖海不拒细流,是宽广的大地承载花虫鸟兽不拒尘埃,是以微笑面对别人的误解和抱怨,更应该包括自己对曾经的错进行彻底的反思和改正。

死亡,是解决问题最自欺自毁的方式,一个敢于扼杀自己生命的人,对自己是苛刻的。也许,这样苛刻的心,在爱着别人的时候,也难以满足和快乐。

一段过往,一段情,一个曾经爱过的男人,无论留下的是痛苦的回忆还是心酸的怀念,它都已经是尘封在岁月里的一枚落叶,光泽褪败,生机不再,若总以悼念之心来缅怀,沉浸其中自伤自怜,实在是对自己的凌迟。时间不会因你的伤悲而停滞,生命却会因你的愚钝而沉重,不如,转身抽离,态度坚决地摆脱,无论它再怎样兴风作浪,只当它是一阵狂乱的风,刮过去后,天还是晴的。

周国平曾在《爱情咸盐》中写道:"爱一个人就是关心一个人、心疼一个人。爱得深了,潜在的父性和母性必然会参加进来。只有迷恋,并不心疼,这样的爱还只停留在感官上,没有深入心窝里,往往不能持久……凡正常人,都兼有疼人和被人疼两种需要。在相爱者之间,如果这两种需要不能同时在对方身上获得满足,便潜伏着危险,那惯常被疼的一方,最好不要以为你遇到了一个只想疼人不想被人疼的纯粹父亲型男人或纯粹母亲型的女人。在这茫茫人海中,有谁不是想要人疼的孤儿?"

是的,付出爱的时候,一定要明确地知道自己是不是也被人疼爱着,如果只是单方面的付出或索取,那不是真爱,爱也是需要男女平等才健康。

学会爱人的前提是学会爱自己,爱自己,不能太自私,爱别人,不能太沉溺。

女人们总希望在爱情中寻找避风港,借温柔和爱抚摆脱孤独和寂寞,很多低智商的女人都幻想自己是灰姑娘,找到梦中的白马王子后,变成一根柔软的藤萝,整个儿攀附在男人这棵大树上,让这棵树庇佑自己,遮风挡雨,供吃供喝,从此生活有靠,精神有托,全方位的安定和谐。

这只能是一个梦。女人在任何情况下都不应该让自己完全依赖男人,如若不然,男人的抛弃就会让女人的自我价值感完全丧失,那样的女人想要再站起来真的很难,因为她自己已经不会独立行走了。

真正聪明的女人是独立而坚强的,她不会把自己变成一根藤萝,而会让自己长成一棵树,温柔的外表下有峥峥傲骨。即使遇人不淑,即使困境重重,她也会珍惜自己的生命,活得朝气蓬勃。

阮玲玉缺少的,正是这样的独立和坚强。

阮玲玉的悲剧,是个人性格缺陷为根本原因造成的。生命如奔流到海的溪流,高低起伏,跌宕向前,遇山过山,遇石绕石,不可能总是顺境,也不可能总是逆境,生命的存亡在于是否能够自强不息,生命的多彩在于挑战挫折勇往直前。爱情和婚姻是女人生命中的主旋律,但不是唯一的主题。生命的主题永远是让自己健康、快乐,充满希望地活着!

如果,阮玲玉坚强一点,豁达一点,那么,也许她的人生将有另一番动人的风景。

忽略错的人,去寻找对的人,这世上,总有人真心爱你,也值得你爱。

因为
所以慈悲
懂得，

将错就错
张爱玲

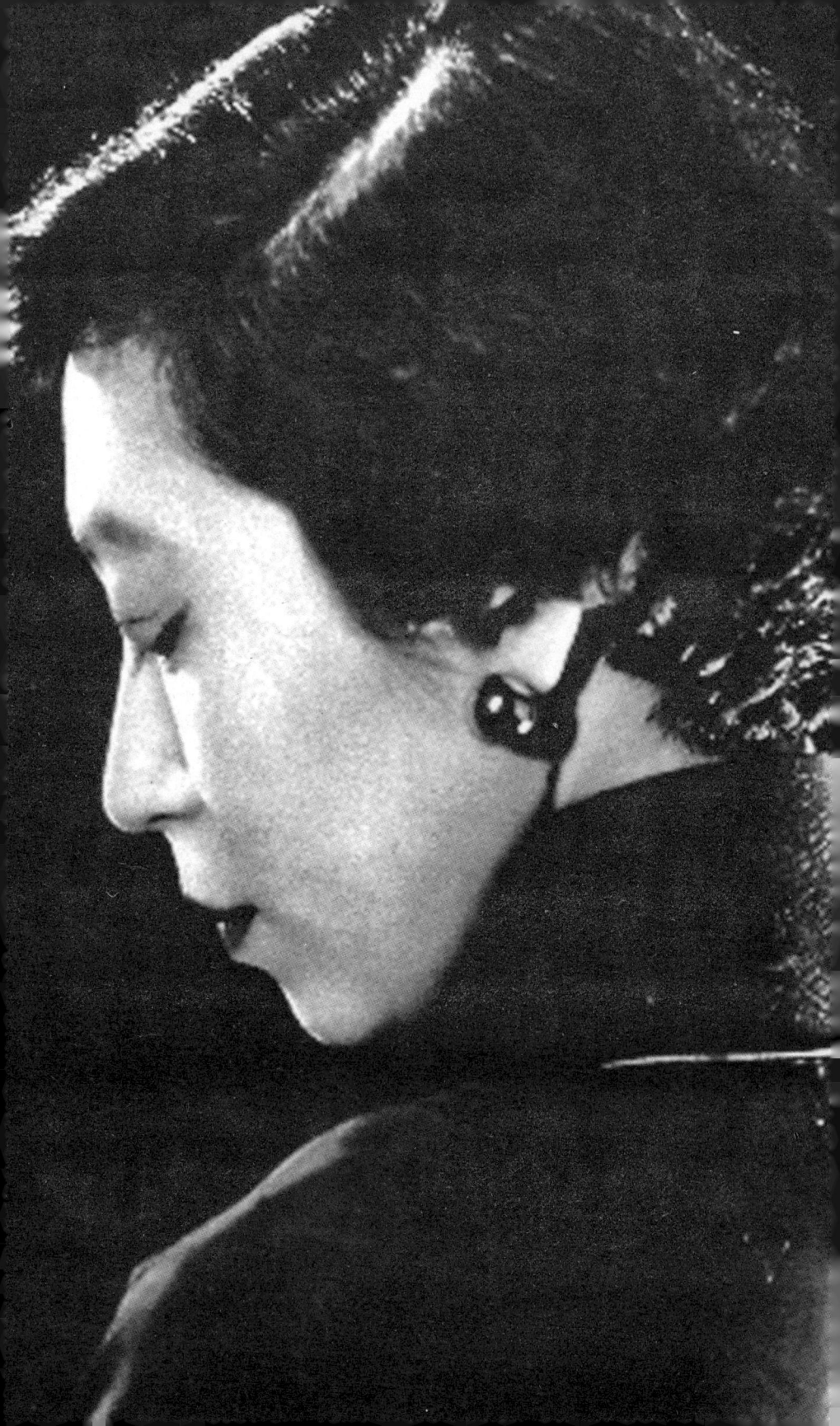

才女有憾

以文学创作闻名于世的民国才女张爱玲,在 20 世纪 40 年代的上海大红大紫,她的作品遍及大江南北,广受追捧,一时无二。她有一双目光冷冽的眸子,以孤傲的姿态审视尘事,漠然相对,旁观者清,写就一篇篇发人深省的文章,铺陈人性美丑善恶,挥洒自如,力透纸背。

但,凡是女人,总脱不了爱情的迷幻。

冷静傲然如张爱玲,却莫名其妙地爱上了风流成性、视婚姻为儿戏的汉奸胡兰成,并以孤注一掷的激情与胡兰成坠入爱河,挣扎在胡兰成织就的情网中,迷醉、痴恋、痛并快乐着。明知错爱,亦不能绝然离开,结果,被愚弄、欺骗和背叛,她尝尽了爱情酸涩的苦果,把本该清明的人生弄得错乱不堪——这一场乱世红尘的错爱,是她逃不开的劫。

纵然是平常女子,怕也不会把自己弄得如此狼狈,一代才女张爱玲怎么会犯这么低级的错误,实在令人费解。不过,凡事有因必有果,性格决定命运,追溯流年旧事,张爱玲独特的个性和人生经历似乎注定了她这般灰暗的情事。

1920 年 9 月 30 日,张爱玲出生于上海麦根路,原名张瑛。上学时,她的母亲临时起意,给她更名为“张爱玲”,一个再普通不过的名字,却成了日后中国现代文学史上惊世骇俗的名字。她华丽而又冷峻的文字亘古留芳,却无法成就她一生的幸福。她这个人,也便成了浮世华年中一段传奇,引人溯本逐源,于解读荣辱兴衰、离合悲欢的俗事中参悟风月人生。

张爱玲是地道的大家闺秀,她的祖父张佩纶原是清末同光年间

"清流派"的中坚人物,她的祖母李菊耦是慈禧心腹中堂李鸿章的女儿。张家门楣显耀一时,只是到了张爱玲父母一代,家道却已败落。父亲张志沂不求上进,挥霍祖产,吸鸦片,逛妓院,养姨太,对张爱玲少有关爱;母亲黄素琼是个西洋化的美人,思想进步,勇敢绝断,因看不惯丈夫的所作所为,决然抛家弃子出洋留学去了。

因此,张爱玲的童年少有快乐。她2岁时便失去了母爱;9岁时父母离婚,父亲再娶了原北洋总理孙宝琦的女儿孙用蕃。张爱玲就在这样的家境中默默地成长,忍受着孤独和冷寂,如履薄冰地活着。她经常被继母孙用蕃百般挑剔,被受继母挑拨的父亲毒打责骂。

一次,张爱玲从母亲黄素琼那里回来,继母孙用蕃怒气冲冲地责问她,为什么离开家也不跟她说一声,张爱玲说告诉父亲了,孙用蕃就怪张爱玲心里眼里没有她这个继母,一记耳光打过去,打得张爱玲眼冒金星。张爱玲本能地还了手,孙用蕃气急败坏,哭嚷着去向张志沂告状。

父亲张志沂不分青红皂白,冲下楼抓住张爱玲的头发又推又搡,劈头盖脸一顿狠打,然后还把张爱玲关在一间空屋子里,一关就是好几个月。即使张爱玲得了严重的痢疾,他也不给她请医生,不给她买药,张爱玲在病痛中饱受折腾,差点死去。亲情的疏离和冷酷让她感到绝望,她甚至想:"希望有个炸弹掉进我们家,就同他们死在一起我也愿意。"

被关押了大半年后,张爱玲终于找了个机会逃出来。当她在冬天凄冷的残夜里惊惊惶惶地逃离来自家庭、来自父亲的伤害时,她幼小的心已经千疮百孔。她对一切都充满了恐惧和怀疑,她的心像被寒风冻结了一样感受不到丝毫温暖,这样的寒意蔓延开去,将扼杀一个孩子对人性美好的憧憬。

"人是最靠不住的。"这短短的一句话,是张爱玲从青春磨难中总

率性的张爱玲

结出来的人生信条，每个字都是冷的。她学会了在孤独中静默地观察、思索，审慎地面对自己和世人，她过早地成熟起来，在本该天真无邪的童稚时期，对人性的善恶，已经有了直接而深刻地解读和剖析。

　　缺少温暖与爱的家庭背景，无法给张爱玲安全感。越是得不到的，越是殷切地向往，张爱玲自幼年就渴望家庭的温暖，这种渴望深入骨髓，是那些在亲人爱抚中长大的孩子所不能体会的。家境败落，用度窘迫，又使张爱玲对富足的生活充满向往，她旗帜鲜明地标榜自己就是个拜金主义者，她对金钱有异于常人更深切地渴求。

　　冷漠世故、孤僻清高，急功近利、爱慕虚荣，这些情性相互矛盾又和谐统一地融入了张爱玲的个性中，她越来越看不惯父母的所作所为，渐渐对自己的家深恶痛绝。她愤恨父亲张志沂荒诞、自私的做派，讨厌母亲自以为是、故作清高的样子，她向往活得真实、坦荡、率性，向往有人疼爱、有钱挥霍的生活。

　　长大后的张爱玲越发爱憎分明,她不介意人家说她是财迷,她毫不隐瞒自己对金钱的欲望,"我喜欢钱"。她不虚伪,也不做作,她想要很多钱来买漂亮的衣服和她想要的,她自谓是个见钱眼开的俗人,真真正正是爱钱如命。

　　当亲情疏冷到只剩下伤害,也许,钱比人更能给她安全感。正是张爱玲不健全的情感体验,为她日后感情上的不幸埋下了隐患。

　　中国有一句古训:"穷养儿子富养女。"又说"从来富贵多淑女,自古纨绔少伟男",说的是养儿子更应该让他体会生活的艰辛和不易,让他在磨砺中意志坚强,有担当和责任感,才能长成顶天立地的伟丈夫;养女儿则恰恰相反,应该尽可能满足女儿的愿望,让她衣食无忧,有安全感和富足感,让她不会贪图小利,举止大方,长大后不会轻易被各种浮华和虚荣所迷惑。

　　这古训自然是很有道理的。富养的女孩子,因为见多识广,不会唯利是图,长大后才有能力抵抗诱惑,明辨是非,不容易受人哄骗。而男孩子从小吃苦耐劳,就不会养成好吃懒做的恶习,日后才可能有所作为。

　　张爱玲无疑是被"穷"养的女子,无论是精神还是物质,年幼的张爱玲几乎"一穷二白",所以她对爱与金钱发自内心地渴求,她曾在散文《童言无忌》里提到:"不知道'抓周'这风俗是否普及各地。我周岁的时候循例在一只漆盘里拣选一件东西,以真诚将来志向所趋。我拿的是钱——好像是个小金镑吧……从小似乎我就很喜欢钱。我母亲是个清高的人,有钱的时候,固然绝不提钱,即使后来为钱所逼迫得很厉害的时候,也还把钱看得很轻。这种一尘不染的态度,激起我的反感,激我走到对面去。因此,一学会了'拜金主义'这个名词,我就坚持我是拜金主义者。"这样掷地有声的宣告,淋漓尽致地写出了她的心声。而一个女人若是对金钱有了这般狂热的渴求,她今后的人生极易不幸。

可是,张爱玲的父母对女儿的成长关注极少,丝毫没有发现张爱玲心灵上的缺失和渴求。父亲张志沂后来对张爱玲刻薄寡恩,母亲黄素琼稍微好些,但也不能与张爱玲心无间隙地相处,张爱玲的童年是灰色的,这样的缺憾造就了她不健全的情感世界,影响着她今后的人生……

错付柔情

众所周知,张爱玲拥有傲人的生存能力——写作,她靠着《第一炉香》《第二炉香》《红玫瑰与白玫瑰》《倾城之恋》《金锁记》等系列优秀作品蜚声海内外。

张爱玲在小说中塑造了很多经典的女性形象,像白流苏、王娇蕊、葛微龙等,这些女主角的身上都多少有她自己的缩影:一边切实地顾及着作为女人应有的利益;一边又幻想玫瑰花般的爱情,渴望安定,渴望爱情败变凄冷的境况。她把自己对生活对爱情的渴望寄托在这一个个女主角的身上,用冷静而又缠绵的文字去描摹人情事故,她眼中的人性是那般悲凉、残酷,她笔下的爱情是那般无奈得世俗。也许,正因为这般矛盾纠结,她的作品自有一番动人心魄的力量,让她在短时间内声名鹊起,在诸多作者中出类拔萃。

正是因为张爱玲的文章,引起了胡兰成的注意,这两个原本毫不相干的人,以文字为中介,阴差阳错地走到了一起。

写作,成就了张爱玲的事业,却毁了张爱玲的爱情。这之间没有必然的因果,只巧在张爱玲正是那样一个因缺少爱而看似孤僻冷傲、实则自卑亦自恋的女子。当她功成名就的时候,她迫切地想要一个知音,想要一份欣赏、想要一份华丽的爱恋,而胡兰成正巧应时而生,应运而来,两个人一拍即合的偶然,拉开了张爱玲惨淡情事的序幕……

　　每一段爱情的开始,都有这样那样的浪漫美好,锦衣华年,诗意盎然,循着唯美的思路,一对人跨越时间、空间的距离聚到一起来,相识、相知、相恋、相携,把心灵的距离销匿于无形,以求水乳交融、心心相印。

　　张爱玲亦做着那样一个唯美的梦,在人生黯淡的底色里,她用文字的光芒照亮了前方,满怀憧憬地等待着自己的真命天子从那光亮中走来,带她飞去充满爱的天空,自此摆脱生世的痛苦,开始崭新的生活。

　　那应该是怎样一个男人? 张爱玲应该是构思了千百回吧,在她的作品中,让女主角爱得死去活来的事业有成、潇洒多金的男主角,差不多就是梦中情人的雏形。胡兰成,这个时任《中华日报》主笔,任汪精卫汪伪政府宣传部常务副部长、法制局长、《大楚报》主笔的男人,才华横溢、潇洒英俊、地位显赫、浪漫多情……似乎合乎张爱玲的每一丝构想,于是,这段爱恋毫无悬念地开始了。

　　那是 1943 年末或是 1944 年初的一个平常日子,胡兰成在南京寓所里休养,闲来无事,就躺在藤椅上拿过《天地》杂志翻阅,无意中,他被一篇名为《封锁》的小说吸引住了,作者正是张爱玲。

　　文章写的是普通的女教员和普通中年男职员间的故事:因为封锁以及一个微妙的原因,女教员和男职员在公交车上相识了,短短的一段光阴中,两人由调情走向爱情,他们决定相爱,各自背叛自己的家庭。然而封锁解除了,两个人重新回归原有的生活状态,那些相亲

胡兰成

相爱的情事被有意无意地埋葬了，生活如平静的水面，被无意扔进的石块激起阵阵涟漪后，恢复如常，纵是心中万般不甘，却也只能逆来顺受。

小说写的不过是一段小情小爱的庸常人生，男职员似做了一个不切实际的梦，瑰丽华美，醒来时却不得不听从老婆的命令无奈而狼狈地回家去。女教员纵使千娇百媚，却面临着老大失嫁的危险，因一场偶然的邂逅轻易燃起爱火，成就一场公交车上的艳遇，可惜，当她正爱得痴狂时，男人却已抽身离去，曾经的情事任凭红尘淹没，无法挽回……

张爱玲文笔清新柔美，娓娓道来。在胡兰成看来，这个不曾谋面的作者似旁敲侧击地写着他的故事，剖析着他的内心，他和文中的男主角那样相似，也想要浪漫，想要一个知心的女子，却总也摆脱不了俗世的羁绊，活得憋闷而无奈，偶尔也会豪气冲天，但在现实无情的打压下,很快就会自怨自艾地颓败下来,这些情境被张爱玲描摹得丝丝入扣、入木三分,令同样喜欢写作的胡兰成刮目相看。

胡兰成一时热血沸腾,如遇知音般喜不自胜,文人间惺惺相惜之感油然而生,他对张爱玲充满了好奇,立刻写信向《天地》主篇苏青打听张爱玲。当他听说张爱玲是位有才气的美女时,胡兰成越发坐不住了,刻不容缓地想结识她。

那时,上海正在战事频发中,年仅22岁的张爱玲正在沦陷区上海滩享受着《流言》、《传奇》等名作给她带来的巨大荣誉,被誉为"民国世界的临水照花人",大红大紫,业绩斐然。胡兰成一时不便冒昧前访,便先来了个预热——写就一篇文章对张爱玲极尽赞美。

> 她的小说和散文,也如同她的绘画,有一种古典的,同时又有一种热带的新鲜气息,从生之虔诚的深处迸溅生之泼辣,是这样一种青春的美。读她的作品,如在一架钢琴上行走,每一步都发出音乐。……鲁迅之后有她,她是个伟大的寻求者!

这样的赞美几乎到了谄媚的程度,张爱玲看过后,自然受用,但也并没往心里去。胡兰成一看收效甚微,苦思之下,决定登门拜访,他向苏青求来张爱玲的地址,兴冲冲地寻了去,可是,却吃了个闭门羹。胡兰成不急不恼,提笔给张爱玲写了一封信:

> 爱玲先生雅鉴:登高自卑,行远自迩。昨日自你处归来,心头盘唱这八字。上海的去影天光,世间无限风华,都自你窗外流过。粉白四壁,乃是无一字的藏经阁,十八般武艺,亦不敌你素手纤纤。又忆即苏轼天际乌云帖道:长垂玉

著残妆脸，肯为金钗露指尖，万斛闲愁何日尽，一分真态更难添。我于你面前，无可搬弄，也只有这一真字诀……

这封信寄出去，张爱玲看了，对胡兰成的才识也极为赞赏，对他对自己的赞美也开心，从不轻易见人的她矜持地等待着胡兰成进一步的追求。那时，她的心充满了欢喜和期待，却不曾冷静地了解胡兰成的为人。

那时，胡兰成已经是个有妻室的人了，而且，是第二次婚姻。

几年前，胡兰成的结发妻子唐玉凤死了，他娶了第二房妻子全慧文，全慧文给他生儿育女，与他同甘共苦，一起度过了他人生中最艰难的岁月。可如今，胡兰成发达了，便对全慧文越看越不顺眼，动辄破口大骂。不仅如此，他还偷偷在上海的宾馆里养了个艺名叫"小白云"的歌女应英娣，生活糜烂，情感泛滥。

这样的男人实在应该敬而远之，可惜张爱玲涉世未深，一边在胡兰成的吹捧里飘飘然，一边被胡兰成显赫一时的地位和出众的才气倾倒，她像每个初涉爱河的女子那般忐忑不安地等待着，意识不到感情的陷阱上鲜花盛开的假象。

不久，胡兰成又去张爱玲家拜访。这次，他从门缝里递进去一张字条，写了自己拜访的原因及家庭住址、电话号码，约张爱玲方便时一见。

欲擒故纵也是有时效的，张爱玲再矜持下去，似乎有些不近人情了，人家信也写了，人也来了，面子也给了，联系方式也奉上了，如果她再一味地沉默下去，就容易让胡兰成误会成拒绝了。于是，第二天，张爱玲就打电话给胡兰成，约定见面的地点和时间。

胡兰成自然欣喜万分，有此才情的女子，如果再貌美如花，该有怎样动人的风情？胡兰成这个风月高手为找到了新的猎物而欢呼雀跃,既然张爱玲已经答应见面了,他自然有把握把这个小女人拿下。

　　胡兰成如愿看到了张爱玲,可是,就像现在网友见面见光死一样,胡兰成备感失望,张爱玲其貌不扬,虽然眉目端正,却少有迷人的妩媚,个子偏高,身子清瘦,少有诱人的起伏,举止也不够大方得体,反而有些羞涩局促,与她恣意放纵的文笔极不相衬,少了很多灵气和风情。不过,人已经来了,怎么也不能就把人给打发了,胡兰成正襟危坐,装出正人君子的模样,一板一眼地和张爱玲谈人生、文学和理想。

　　张爱玲是安静的,微笑着聆听胡兰成滔滔不绝。有这样一个好听众,还是个才高八斗的好听众,胡兰成不由得有了卖弄的欲望。他从张爱玲的眼中看到了崇拜,这越发激起他倾诉的兴致,于是,五个小时不知不觉过去了,胡兰成居高临下自吹自擂,备觉酣畅痛快。而张爱玲,竟不觉得厌倦,反而对胡兰成越发有了好感。

　　这原本是胡兰成一场醉翁之意不在酒的约见,可惜女主角似乎离想象中的差了些,张爱玲既不婉约动人,又不明艳热烈,实在是那种波澜不惊的种类,聊聊天尚可,真要让他浪费精神去狂轰滥炸,实在有点小题大作。在胡兰成看来,女子再有才,若长得不养眼,相处起来也没什么情趣,这件事就暂且搁下了。

　　可张爱玲的日子不太好过了,淡而悠长地盼念终日萦绕不散,胡兰成俊郎的眉目、风趣的谈吐、成熟的气质,无不牵动着她的心。他先前写的那封信还在,她反反复复看过,字里行间的热烈烧灼着她,让她的期盼日复一日的浓烈,可是,终是不见胡兰成再约,张爱玲便有些焦躁了,种种猜疑、迷惑油然生起,十分折磨人。

　　这怕是每个女人初恋时节的心路历程,被某个自己相中的男生热情似火地追捧,正云里雾里飘飘然,突然间对方就冷却了温度,女人飘在半空做美梦的心突然没了依托,上也上不去,下也下不来,就

寥落冷寂的张爱玲

生出惶恐来，生怕失去那个人的关注，这世间也似乎突然寥落冷寂，只是那个人别样要紧起来。

正苦等，胡兰成来了。

因苦等积蓄起来的热情得到爆发，再次的见面让张爱玲喜悦异常，她殷勤地招待胡兰成参观她的住处，给他斟上好的茶，做好吃的点心。

不看不知道，一看吓一跳，胡兰成怎么也没想到张爱玲还有显赫的家世，她房间的布置无处不显示着不俗的贵族底蕴，摆饰挂件也多有名贵古董、字画，而今天的张爱玲也不似那天死板无趣，谈笑自如、眉眼生动，显出娇俏可爱来。胡兰成喝着茶，吃着点心，听张爱玲莺声燕语，心就动了。

胡兰成出身贫寒，这一路攀爬跌打，虽然算是出人投地了，但这骨子里的自卑从来没有去除,而且无论是他前妻还是现在的老婆、还是外面包养的小三儿,都实在是上不了台面的女人。眼前的张爱玲就不同了,她出自名门,自己又是名气在外的作家,能把这样的女人钓上手,他颜面有光啊!

这么一琢磨,胡兰成对张爱玲的态度变了,先前的云淡风轻,变成了浓墨重彩,他继续用巧妙的甜言蜜语表达爱慕之情,这个擅弄风月的男人正值壮年,言谈举止拿捏得恰到好处,他给张爱玲父亲般的呵护关爱,又给她情人般的温柔暧昧,这让自幼缺少父爱又向往爱情的张爱玲神魂颠倒,越发分不清是非黑白,稀里糊涂地掉进了胡兰成预设的温柔陷阱里。

两个人很快腻在一起,胡兰成的情话越发说得腻歪,有的被后人反复膜拜千万遍,以至成为经典:"于十千万人之中遇见你所要遇见的人,千千万年之中,时间的无涯的荒野中,没有早一步,也没有晚一步,刚好赶上了,那也没有别的话可说,唯有轻轻地问一声:'噢,你也在这里吗?'"这句话细细品味实在是句空话,两个陌生人怎么也不可能是打一个娘胎里出来的,自然是要有缘千里来相逢的,不过这样一句大白话经胡兰成这么一婉转,再让张爱玲这么一感动一张扬,就成了感动万千小朋友的痴话了。

面对胡兰成说顺了嘴的情话,张爱玲没有丝毫戒备,一般来说实诚的男人在女人面前做的比说的多,少有这般肉麻的情话,而像胡兰成这样嘴上功夫了得的男人通常不靠谱。可张爱玲不只不戒备,还回复以加倍的痴情。先是在自己照片背面写上那句"见了他,她变得很低很低,低到尘埃里。但她的心里是欢喜的,从尘埃里开出花来",以示自轻;又说"你这个人呀,我恨不得把你包包起,像个香袋儿,密密的针线缝缝好,放在衣箱里藏藏好",以示自贱。

唉,真替张爱玲不值啊,被一个感情骗子忽悠了还不自知,智商直接返老还童,"包包、缝缝、藏藏"连这样的儿语都用上了,简直太悲催了。她怎么就不明白,当一个女人在爱情中自轻自贱的时候,想得到平等、真诚的爱情基本上是痴人说梦。

不知道张爱玲沉浸在胡兰成的浓情蜜意中时,有没有想到胡兰成还有老婆,或者她根本不在乎,她也不在乎胡兰成比她大十多岁。她很没底线地对胡兰成说:"我自己已经想过自己一千次了,就愿倾心于心慈有才的年长者,哪怕比我大 40 岁甚至 60 岁也无妨,那些毛小伙子,我就让给那些傻姑娘去享受吧!"又说:"我已经考虑过,你站起来就是在我这里来来去去也可以,我并不孜孜追求于一情一物。"

不计较胡兰成年长,不管他有老婆孩子,不要名分,还能为自己的这般轻贱找个理直气壮的说词——"因为懂得,所以慈悲。"估计张爱玲的脑袋当时真被胡兰成踢肿了,怎么爱得这般低贱,没道德、没廉耻,她懂得什么? 懂得胡兰成于她不过是逢场作戏,还是懂得胡兰成是个大汉奸? 她对胡兰成慈悲,不正是对自己的愚弄么? 张爱玲这个自谓看透人性的才女在爱情上发挥了超白痴的精神,被胡兰成成功地耍得团团转,可笑。

很多时候,情场如战场,势均力敌的战事才更精彩。爱情建立在互相敬重、两情相悦的基础上,才更牢靠。如果一方甘当绿叶,爱得近似谄媚,红花的一方即使嘴上是爱的,心底也是不屑的,爱情看似绚丽,其实已变成可有可无的情事。这个自轻自贱的女人,在男人的心中已经没什么分量了,离弃,只是早晚的事,谁教她甘败下风呢。

张爱玲的文字或许值得学习,至于她的爱情,若不是喜欢自虐的人,还是谨慎模仿的好。

纸　婚

　　张爱玲爱得痴狂,什么都不计较,可偏偏有人计较。

　　就在张爱玲与胡兰成形影不离时,胡兰成的老婆全慧文保持了缄默,可胡兰成养在公馆里的红歌女应英娣不干了。应英娣怒气冲冲地打上门来,找到张爱玲大哭大闹一场,闹完了,应英娣摔门而去,与胡兰成恩断义绝。

　　张爱玲这时应该警醒了,可她再一次惊世骇俗地忍了,而且还很脑残地窃喜,因为没有了应英娣,少了个争风吃醋的,胡兰成不是更对她一心一意了么? 何况,胡兰成要答应跟她结婚了呢,胡兰成伪造了一张结婚证——弄了张红纸,上面写了一行字:胡兰成与张爱玲签订终身,结为夫妇。愿使岁月静好,现世安稳。这婚没经过任何法律程序,没有任何仪式,这就算成了。

　　对于这样轻率的婚姻,胡兰成自圆其说:"恐怕日后时局有变,这样做也算是权衡之策,避免日后我这身份会拖累你。"张爱玲一听,千般幽怨都变成了感激,你看,胡兰成多体贴多有远见啊,不跟她登记结婚,是为了她的安全着想呢。胡兰成这般掩耳盗铃的把戏在张爱玲这里屡试不爽,张爱玲爱得如此忘我,也的确非常人所能及也。

　　婚姻至此,真算形同儿戏了。

　　只要自己玩得开心,儿戏又何妨? 反正这尘世间的事也无所谓真假了,最终也都不过是南柯一梦,只要玩游戏的人投入角色,假戏真做起来,自得其乐,外人怎么说怎么看,又有什么要紧? 从这一点来看,张爱玲确实有脱俗之处,但这脱俗之处,并不值得称道。

　　结了婚了,胡兰成给了张爱玲第一张支票。之前,胡兰成说了,张爱玲版税高,能自立,不用他在经济上资助,这样才显出张爱玲是个独立、新潮、不可多得的女性。张爱玲自然觉得胡兰成说得有理,

痴情张爱玲

不但不要胡兰成的钱，还愿意让书商借用她的名字去推销胡兰成的书，胡兰成借张爱玲的名气卖了不少书，赚来的钱给张爱玲一点点零头，张爱玲便幸福得晕眩。

痴情了这么久，终于换来心上人一张支票，张爱玲一时得意忘形。这哪是一张支票啊，这是胡兰成对她这个妻子的承认呢，从来只有妻子才能底气十足地花丈夫的钱，丈夫的钱也只有妻子花才天经地义，这小小的支票，可是对这纸婚的肯定呢。所以，张爱玲喜滋滋地拿着那张支票去买新衣服穿，如一切有夫之妇花着男人挣的钱而感觉良好。张爱玲因此又变回一个俗人。

至此，张爱玲的爱情似乎守得云开见日出，终于看似圆满了，两个人初婚的日子也如平常夫妻一般，过得平静而欢愉。如果胡兰成能从此一心一意，那张爱玲也算是爱得其所，当初的百般隐忍也值了。可惜，江山易改，本性难移。

新婚不久，日本战败，汉奸胡兰成仓皇逃去武汉避难。离别时，两人相拥而泣，依依不舍，可转过头去，胡兰成就把张爱玲抛到脑后去了，一身轻松地开始了新的恋情。

这次的女主角是武汉汉阳医院一个 17 岁的小护士，名叫周训，长得自然比张爱玲娇小秀气。更主要的是，周训青春靓丽、青涩诱人，极大地满足了胡兰成中年男人的猎奇心理，他俨然一个温厚长者，教周训读书写字，享受着她的崇拜和感恩。两人如胶似漆，形影不离，胡兰成热血一沸腾，又拟了一张结婚证，把周训娶了，和张爱玲不分尊卑、平起平坐。

张爱玲这边还在自做多情，一心等着胡兰成避难回家团聚，守着那张结婚纸天天盼星星盼月亮，朝思暮想不肯再嫁。好些爱慕者前来拜访，统统被她拒之门外，很傻很天真地认定，胡兰成能为她守身如玉，忠贞不二。

胡兰成偶尔来封信，扯东拉西说些不关痛痒的话，丝毫不提周训的事。张爱玲蒙在鼓里，捧着废话连篇的信热泪盈眶、情肠百结，悉数将自己辛苦赚来的稿费寄去，怕胡兰成吃不饱穿不暖，却不知道她自己舍不得用的钱变成了周训身上衣裳口中食。

张爱玲就这么痴傻地爱着，如果她能一直被蒙骗着，或许也能一直幸福在自己虚幻的美梦里。可是，胡兰成终究瞒不住了，只能吞吞吐吐地把周训的事说出来。张爱玲听了，如遭了晴天霹雳一样震惊，她怎么也没想到，胡兰成会做出这样的事来。

其实这样的事胡兰成已经做了好几遍了，张爱玲忘了，她自己当初与胡兰成在一起的时候，他就已经有两个老婆了，胡兰成风流成性，已经把伪造结婚证这项技术练得炉火纯青，怎么可能因为她张爱玲而荒废技艺呢？

若是平常女子，自尊心强些的，都不会忍受胡兰成这样恬不知耻的做法，可令人费解的是，张爱玲竟然再次忍了。

张爱玲这么能忍，胡兰成绝不会体谅她的痛苦而有所收敛，只会更加有恃无恐，反正女人有的是，有没有她张爱玲都一样。在胡兰成避难去温州的路上，他又勾搭上了他高中同窗的庶母范秀美。范秀美可不是清纯美少女，而是徐娘半老的女人，胡兰成也不嫌弃，老少皆吃，和范秀美打得火热，并很快有了孩子。

范秀美有了孩子要打胎，逃难的胡兰成没钱，他把钱都给周训了，怎么办呢？这时，他记起张爱玲了，写信叫张爱玲拿钱。胡兰成这么厚颜无耻的做法，张爱玲竟然又忍了，拿出一只金手镯换了钱给范秀美做手术。

张爱玲这般委曲求全，换来的却是胡兰成这样的评价："爱玲种种使我不习惯。她从来不悲天悯人，不同情谁，慈悲布施她全无，她的世界里是没有一个夸张的，亦没有一个委屈的。她非常自私，临事心狠手辣。"可见，在胡兰成心里，张爱玲已经怎样不堪了。一时的新鲜亲昵，早已经变成明日黄花，张爱玲的付出、忍让在胡兰成看来都是理所应当，不仅如此，张爱玲除了能接济他外，已经毫无用处、无可顾恋了。

这就是胡兰成式的男人的爱，自私、荒谬，张爱玲不幸遇上了，不幸错爱了。对这个滥情的男人，她倾尽所爱，自轻自贱到最后，没有得到梦想中生死相许的真爱，只得来让她哭都哭不出来的冷笑话。

男人多好色，虽然是本性，也多是女人给惯出来的。婚姻中，男人搞婚外恋，女人多骂外面女人是狐狸精，勾引了自家男人，似乎自家男人是无辜的，只要男人肯回头，就失而复得似欢喜，不计前嫌，越发殷勤；如果是女人红杏出墙，男人多半忍无可忍，非打即骂，自此恩情淡薄,凭女人怎么痛改前非也无济于事。这两种情形,无疑助长了男人好色的恶习,而这样的男人,绝难成为一个可靠的丈夫。

女人若不是在经济上要完全依赖男人,能够自力更生,就不要姑息男人的轻慢,爱情是两个人的事,如果男人用实际行动转过身去,女人完全没必要放下自尊去拥抱他冰冷的后背。离开,或许他还会为失去而悔恨,而转身寻来,否则,他会轻视你,把你当做羁绊,迟早会远远地甩掉你。

在爱情开始的时候,要慢节奏,看仔细,别选错了男人。在经营爱情的时候,要有收放爱的能力,不要让自己受委屈,若是他爱你,不会让你受这样那样的委屈,若是让你受委屈,说明他的心已经不在你的身上了。

原本,谁也不是谁的唯一。

爱到深处,若得不到同等的回报,付出太多的一方也是会累的吧。累了,却还恋眷着旧时的温存,无法绝然离开,在反复的踌躇后,张爱玲不远千里,去找身处他乡的丈夫胡兰成。

彼时,胡兰成正和新宠范秀美在温州过着恩爱的二人生活,张爱玲的到来,实在有些自讨没趣,胡兰成态度淡漠,丝毫没有愧疚之心,反而对张爱玲处处挑剔,怪她接人待物不够灵活,恨不得立刻让她从眼前消失,那曾经的甜言蜜语再也没有半句,有的只是不耐烦的敷衍。张爱玲十分难过,要胡兰成作出选择,想不到胡兰成说:"我待你,天上地下,无有得比较,若选择,不但于你委屈,亦对不起小周。"这言外之意,是说他会选择范秀美,张爱玲和周训都得站一边去,奇怪的是胡兰成这样无情的时候,前面偏偏要加一句"我待你,天上地下,无有得比较",好像他对张爱玲好得无人可比一样。

伤了你,你还得感激我;卖了你,你还得帮我数钱;杀了你,你当

张爱玲在温州

血是从我身上流的。胡兰成这样的男人,的确无耻到令人作呕,至此,张爱玲再怎么为爱舍身忘我,也心灰意冷了。

在这样的时候,重重往事泛起……花开花落间,三年光阴似水流逝,甜蜜的往事余温未了,伤害的疼痛层层递加,因爱而麻醉的神经终于还是清醒过来,看着眼前曾浓情的男人,心意也似秋天的枯草,东倒西歪再没有了为他而蓬勃的力量。

张爱玲默然无语,带着一颗支离破碎的心离开了温州,离开了这个曾给她幻梦的男人。离别那天,细雨迷蒙,铅色的天空也似含着无尽的悲伤。离别那一刻,转身看站在身边的男人,咫尺天涯,心中不再有爱,她叹了口气说:"我想过,我倘使不得不离开你,亦不致寻短见,亦不能够再爱别人,我将只是萎谢了。"这样的剖白,怕是很多女人与心爱的人无奈别离时要说的话,也许,心底,还是希望他能在这一刻蓦然惊觉,懂得珍惜她,似从前般热烈地拉住她,深切地忏悔,恳切地挽留。

可是,眼前的男人到底是淡落了本不坚固的情意,他默默地看着她,如看脱下的一件旧衣服,心底,更如卸下一份负担而偷偷轻松。这样的沉默,是疏离,是拒绝。

回路孤单,雨丝凄寒,曾经如雨丝般缠绵不断的爱恋终于跌落尘埃,混沌一片捉摸不住了,车窗外那片迷蒙的天地,与萧瑟的心意,合成的沉闷足以绵延一生。狠狠地爱过,狠狠地痛过,即使事过境迁、物是人非,怕也不再复有从前的真淳。爱的能力,就似这般匆促地遗失了,再难这般全心全意、不顾一切地爱上一个人了……

也许,每一个男子全都有过这样的两个女人,至少两个。娶了红玫瑰,久而久之,红的变成了墙上的一抹蚊子血,白的还是"床前明月光";娶了白玫瑰,白的便是衣服上的一粒饭粘子,红的却是心口上的一颗朱砂痣。

这样简洁而犀利的描述,怕是张爱玲心痛后的所得。如此,她变成了胡兰成墙上的一抹蚊子血,或是胸前的一粒饭粘子,被他漫不经心地拂了去,她再有怎样的不甘,也只会增加他自得的筹码。

男女的情事似乎就这样落入一个俗套,彼此初识,互相客气着,然后男人极尽温柔体贴,女人可以颐指气使,耍耍威风;接着两个人循着人性化的程式履行完各自的义务,拥抱了、接吻了、上床了,重复数次后,就意味寡然了,男人变得粗心没耐性了,女人反过来体贴温柔,男人开始挑三拣四了。这似乎是个正常的过程,也被许多男人和女人认同,其实,会这样变化的男人是可恨的,肯这样变化的女人是可悲的。

两个人自始至终能相亲相爱,互相体谅,即使只过着平凡的日子,他们的幸福也是无与伦比的。这样的爱情,没有轰轰烈烈狂风暴雨,有的尽是小桥流水岁月静好,却是最难得最坚韧的爱。

不能惺惺相惜相守到老的爱情,终将死无葬身之地,趁早离开,是明智的。

这一纸婚约,就这样散了。

结的时候没费劲,离的时候也就一句话,方便。

只是,这百般纠结,让张爱玲情意难断,别离后的八九个月里,张爱玲还会用自己的稿费接济胡兰成,怕他在流亡中受苦。

这是一个农夫与蛇的故事,或者是个羊爱上狼的故事。农夫一厢情愿,偏要靠自己衣着单薄的身子去温暖蛇这种冷血动物,被咬死了还不知道自己傻在哪儿;羊爱上生性残忍的狼,好不容易狼口脱险了,却还惦记着狼没肉吃会不会饿死。爱到这种境界,确实非常人所能为,张爱玲的慈悲,对于胡兰成来说的确如江河般浩瀚宽广。不知道胡兰成一边花着张爱玲的钱,一边有没有在心里骂她?但有一点可以肯定,胡兰成对张爱玲的善举,绝没有半点儿感恩之心。

要不,稍微有点良知的男人,总会想方设法弥补之前自己对张爱玲的亏欠,等时局安定了,真正明媒正娶,从此好好过日子;可胡兰成没有,他与范秀美在一起欢天喜地的,除了接过张爱玲寄来的钱时会想起那个笨女人来,别的时候基本上就记不起这人姓什名谁了。

张爱玲的爱,的确纯粹,纯粹到无法形容的地步,可惜这爱错付于人……

　　我已经不喜欢你了,你是早已经不喜欢我的了。

爱已尽情已逝,已逝之情不可追。

此情可待成追忆,只是当时已惘然……

蕊寒香冷蝶难来

女人如花，最惨淡时莫若蕊寒香冷，再赢不得世人顾念，独处一隅，感时伤怀，在缓慢的凋零中受尽身心煎熬。若是把张爱玲比做花，或者是三九寒天里迎风傲雪的梅花最为恰切吧。周遭冷寂，心事寒凉，犹自尝试端着满腔激情怒放开，虚浮地热闹了一遭，繁华落尽，仍是凄风冷雪相伴，迎来送往尽是落寞。张爱玲真如她当初与胡兰成离别时说的那样，自将萎谢了——才思枯涸、心如死灰、爱意不再、生亦无欢。

抗战胜利后，张爱玲的处境变得十分艰难。因为胡兰成是令人鄙视的汉奸，张爱玲又与他有那么一段情浓的过往，于是，张爱玲便被舆论指责为"无耻之尤张爱玲愿为汉奸妾"，而且因此屡遭人身攻击。

爱上一个风流成性到龌龊地步的胡兰成，燃尽满腔热情而落得人财两空，离别后还要受他的牵连弄得声名狼藉，张爱玲这场错爱，于她的一生，真可谓毁灭性的灾难。

昔日人们崇拜的目光变得鄙夷，赞扬变成了谩骂，这个"与狗汉奸私通的女人"似乎比汉奸更可恨。刚刚解放的上海民众，似乎把之前所有压抑的愤怒都爆发了出来，冲着这个因爱而倒霉的女人，把所有能想到的恶毒的冷言冷语一并奉送了上来。

她妙语连珠的书少有人理了，她无辜的辩白只会招来更多的白眼。1946 年 3 月 30 日上海《海派》周刊竟然刊出《张爱玲做吉普女郎》的新闻，对她进行大肆污辱，她百口莫辩，有苦难言。

在这样的情况下，张爱玲终日心烦意乱，再也无法静心书写，无奈，她被迫搁笔，一年零八个月只字未写。靠写作为生的张爱玲断了稿费，生活清贫无依，她惶恐不安又无可奈何，至此，她才明白，那一场错爱,摧毁的,不只是她的情感,更有她宝贵的写作才华。

　　一个人,如果感情受了伤,把压抑的苦痛寄托于事业,让事业因此而红火壮大,还能对伤心有所补偿。可怜张爱玲,爱情、事业都因胡兰成毁于一旦,她陷入苦闷之中,迷茫不堪,命运似乎收回了对她的垂青,翻脸无情地把她打入了人间地狱。

　　作品失去了读者,就像花草失去泥土的供养,张爱玲在上海,再无用武之地,无奈,她只好远走他乡,于1952年化名张瑛,以去香港完成学业为由离开了上海。

　　初到香港的张爱玲生活窘迫,为了维持生计,她不辞劳苦地为美国新闻处翻译海明威的《老人与海》和其他一些外国作品。随后,她又在朋友宋淇的帮助下进入电影圈写剧本,剧本反响平平,她的生活境况仍然艰难。她只好尝试着重新起笔写小说,可是,她的作品再不像曾经那样轰动一时了,最后,连出版都成了问题。她所有的幸运,似乎都随着那场错爱烟消云散了。

　　在香港,张爱玲看不到自己的前途,只好再次移民美国。1955年秋天的一个傍晚,张爱玲搭乘“克利夫兰总统号”邮轮离开香港,前往美国。到码头送行的只宋淇夫妇。

　　去国怀乡,一路上,想忆这几年种种际遇,张爱玲悲从中来。她给宋淇夫妇的信上说:“别后我一路哭向房中,和上次离开香港的快乐恰巧相反,现在写到这里也还是眼泪汪汪起来。”其中酸楚,透过这字里行间,可以深切地感知。

　　彼时,张爱玲已经芳华不再,时年35岁。

　　35岁的年纪,对于女人来说,真的已经不再年轻,但如若拥有甜美圆满的爱情,这个年纪的女人正值怒放年华。可惜,张爱玲过早地萎谢了,与胡兰成那场如烟花般绚烂,又如烟花般寂冷的爱情,让她陷入厄运中,一次次被迫远走他乡,这样的痛苦,足以让张爱玲难有欢颜。

被岁月蚕食的脸

　　女人的花期是短暂的，爱情是女人最隆重的花事，珍惜芳华谨慎地投入爱，郑重地对待自己的选择。若是知觉所爱的男人爱得太随便，忍痛也要绝然离开，小伤易愈，大伤难医，万不可拿着自己终身幸福去赌，你真的输不起。

　　张爱玲在海上颠簸的旅途中，看着苍茫的大海，抚着已被岁月蚕食的脸，心底的痛也如这海潮般起伏难定。原本向往宁静富足生活的她，终是难圆简单的梦，她的人生已经面目全非，如这幽深的海，暗流激涌、险象环生，而生活的船桨，已经因那场错爱遗失了，她无法左右前行的航向，她被抛弃在前途茫然的路上踟蹰而行，再多悔恨，已是枉然……

　　到了美国后，张爱玲住进了专为有才华的艺术家提供免费住宿和创作条件的文艺营，认识了她生命中第二个男人赖雅。

　　赖雅是德国移民的后裔，17岁就读于宾州大学文学专业，后入哈佛大学攻读硕士学位，毕业后在麻省理工大学任教，后来又辞去教职成为一名自由撰稿人。与张爱玲相遇时，赖雅64岁。

　　也许张爱玲骨子里真有恋父情节，缺少安全感的她需要靠年龄的差距补足幼时心理的缺憾，也或许是赖雅的温暖让一路凄风冷雨的她有了安靠的需求，更或者经历了胡兰成那段刻骨而悲伤的恋爱，她对爱情已经彻底绝望。总之，这次，她轻易就接受了赖雅，不久，两人就住到了一起。

　　一个人走太久，会孤单，会无助，想要找个人依靠着取暖，可事与愿违，张爱玲和赖雅共同生活了不久，赖雅在麦克道威尔文艺营的期限到了，他得去纽约州北部的耶多文艺营。离别不久，张爱玲发现自己怀孕了。

　　这是张爱玲的第一个孩子，大龄有孕，张爱玲心中充满喜悦，她满怀希望地把这个好消息告诉了赖雅，可是，没想到习惯了无牵无挂单身生活的赖雅却坚持不要这个孩子。张爱玲痛苦万分，不知道怎样面对这尴尬的局面，她不得不承认，她的生活变得一团糟，拮据的经济条件让她根本无力独自抚养这个孩子，当赖雅提出跟她结婚，但要打掉孩子的要求时，她无奈地同意了。

　　这是多么悲哀的一次婚姻？36岁的张爱玲与65岁的赖雅结婚了，谈不上爱情，只为合伙摆脱孤寂与困窘。可是，他们婚后的生活没有丝毫改善，两个曾经才华横溢的作家似乎都已江郎才尽，生活反而过得越来越窘迫。以后的日子，张爱玲活得灰头土脸，终日为生计奔波。

　　两个文人，一对落难夫妻，在风雨飘摇的日子里艰难前行，他们先后搬了两次家，先是在一个乡下小镇住了些日子，后又搬到旧金山布什街645号公寓，主要靠着完成香港宋淇夫妇提供的写作任务度日。

　　这样的生活持续不久，赖雅中风，张爱玲细心照料，赖雅的身体却越来越糟,张爱玲一边照顾病中的赖雅,一边要负担两个人的生活费用,很是辛苦。然而,雪上加霜的是,一直照顾张爱玲的宋淇因公司老板飞机失事丧生而失业,张爱玲因此失去了来自香港的收入。

为了生活,张爱玲只能放弃华盛顿公寓,搬到政府廉价住所黑人区的肯德基院去了。随后,因生活所迫,张爱玲带着病瘫的赖雅先后去过迈阿密和康桥,张爱玲自始至终对赖雅不离不弃,直到赖雅去世……

第二次的婚姻就这样结束了,与其说是两个人的婚姻,不如说是两个人的互助,只是张爱玲在这次婚姻中仍然没得赖雅的照顾,更多的是她在努力照顾赖雅。赖雅的离世减轻了她的辛苦,却已经让她身心疲惫到极点,她在这旷日持久的操劳和一次又一次的失望中,枯竭了傲人的才思,被生活逼到几乎山穷水尽的地步,她的性格变得更加孤僻、内向。

带着对生活的绝望,张爱玲像逃避什么似的开始频繁地搬家,她先后搬家次数达180多次,她神经质似地觉得每次搬的地方都不安全,她不断地逃避,却总也找不到一个可以让她心神安定的地方。

频繁的搬家让张家玲的日子过得更加贫困,她就在生活的贫困与紧张恐慌的精神状态下,悲惨地走完了一生。1995年9月8日,张爱玲于美国洛杉矶寓所里去世,七天后才被人发现。

张爱玲死去的寓所里,没有家具也没有床,她就躺在地板上,身上盖着一条薄薄的毯子。桌上,还有一叠铺开的稿子和一支打开的笔,空白的纸张一如张爱玲残冷的梦想,她曾经风光无限的花样生命,终是这般凄凉的凋零了,蕊寒香冷,难复繁华……

有人说,张爱玲的一生是矛盾的一生:她是一个善于将艺术生活化,将生活艺术化的享乐主义者,又是一个对生活充满悲剧感的人;

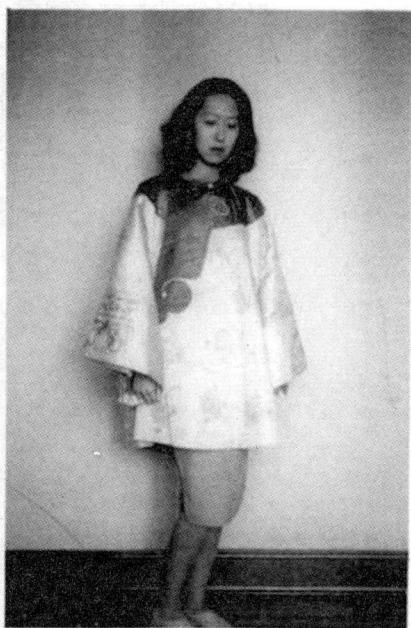

曾经的花样生命

她是名门之后,贵府小姐,却骄傲地宣称自己是一个自食其力的小市民;她悲天悯人,时时洞见芸芸众生"可笑"背后的"可怜",但实际生活中却显得冷漠寡情;她通达人情世故,但自己无论待人穿衣均是我行我素,独标孤高;她曾在40年代的上海大红大紫,一时无二,然而几十年后,她在美国又深居简出,过着与世隔绝的生活。

这样的矛盾,原非张爱玲刻意为之,追根溯源,她有那么多的无奈:虽出自名门,但家道败落,生时家境便凄寒,她也只能自给自足,自然爱钱如命,说自己是小市民不过是实事求是;虽洞悉生活百态,却被胡兰成愚弄,梦想与现实巨大的落差让她自此心意寥落;曾经红极一时,但后来因胡兰成而名誉扫地,生计艰难不得不四处辗转……

所以,那些如"只有张爱玲才可以同时承受灿烂夺目的喧闹与极度的孤寂"这样赞美张爱玲的话,实在是不解疾苦,矫揉造作。张爱玲,即使才艺出众,即使心高气傲,终究不过是一个需要爱、渴望安全感的女人,她输了爱情这盘棋,然后一招不慎,满盘皆输,这是她让人最为悲悯的所在。

她想成为生活的主宰,但在与命运的博弈中,她或许是太过仓促,或者是太过盲目,也或者是太过自欺欺人,虽然她的初衷是那般热烈地想求得安稳和幸福,但她错选了胡兰成。

一个男人,足以毁掉一个女人的一生,特别是在离开他时,女人已是花事凋零。

现实和梦想常常背道而驰,而只有现实能成就幸福,梦想只会让幸福变成泡沫。所以,在你决定和一个男人恋爱的时候,一定要分清楚,你是要和他在现实里创造幸福,还是在梦想里拥抱美丽的泡沫。

想明白了,再爱他。爱他,也请别委屈了自己。

执子
之手，
与子偕老

生死相许
赵一荻

陌上花开为君顾

"死生契阔，与子成说；执子之手，与子偕老。"这样一句人人熟口的句子，却不是每对情侣能做到的事。"世上最浪漫的事，就是陪着你慢慢变老。"这般温情浪漫又平静隽永的人生，也不是每对夫妻都能坚守的。

陆小曼与徐志摩倾情相爱徒留感伤，张爱玲与胡兰成错爱一场晚境凄寒，赵一荻与张学良却真真切切地同甘共苦相爱、相守一生，那般炙热、坚韧、绵长的爱跨越岁月的沧海桑田，如这尘世不易蒙尘的明珠，光华婉转。

重温一段往事，重撷一缕温情，伴着源自心灵深处的感慨神游去那时局动荡的年代，穿越重重弥漫的硝烟，身临那场绝世奇缘，爱我所爱，无怨无悔。

赵一荻，1912 年 5 月 28 日出生于香港，乳名香生，又名赵绮霞。她的父亲赵庆华是浙江兰溪人，在北洋政府时代，历任津浦、沪宁等铁路局局长。赵庆华生有六男四女，赵一荻在女儿中最小，排行第四，因此常被人昵称赵四小姐。

赵一荻得天独厚，拥有美貌和才智，又是个刻苦上进的女孩子，十四五岁就已经备受瞩目，曾成为《北洋画报》的封面女郎。

花样年华的少女静默、灿烂地成长，慢慢如晨曦初透时绽放的玫瑰，缀着青春的露珠现着耀眼光华，她美得清新而灵动，相较于同样样貌出众的三个姐姐，显得青涩而纯美。

认识张学良是在蔡公馆里举办的舞会上，在杯觥交错中，气宇轩昂的张学良翩然而来，邀请赵一荻共舞。笑意透着顽皮精灵的赵一荻伸过手去，被他的大手轻轻握住，然后相拥起舞，进退、旋转，在悠扬的乐曲中飞扬快乐的心情,漫天花雨,斗转星移。那时,她尚且不知,自己会和这个男人携手一生,同患难,共生死。

蔡公馆时常歌舞升平,可是,自那一日偶见,赵一荻再不曾遇见张学良,懒起画蛾眉,弄妆梳洗迟,豆蔻年华的赵一荻还处于懵懂的季节,暂时也并没有对张学良用心。

张学良时任东北陆军一级上将,军务繁忙,无暇风月,对与赵一荻匆匆一见也没有过多在意。如若缘分就此而止,两个年轻人或许日后无缘牵手。偏偏时隔一年有余,张学良去北戴河休养,正巧住在西山碧云寺旁的香山饭店,而这个饭店正是赵四小姐的父亲赵庆华所开办,赵一荻也随家人同去避暑,在迤逦的风光中,两人再次不期而遇。

风流倜傥的少帅、清丽脱俗的少女,在轻松的谈笑中暗生情愫。当张学良勇敢地拉起赵一荻的手,赵一荻怦然心动,羞涩地看向他深情的眸子,从此有了眷恋。

从北戴河回到天津后,张学良对赵一荻念念不忘。赵一荻知道张学良已有婚室于凤至,内心挣扎纠结,对张学良炽热的爱恋望而却步。张学良同样知道赵一荻心中的顾虑,向她表明心迹,誓不言弃。

赵一荻左右为难,她爱张学良,可她又顾及张学良的妻室,而且她家规严厉,知道父亲赵庆华肯定会反对阻拦。她顾虑重重,却又压制不住对张学良的思念,她矛盾极了,饱受煎熬中病倒了。

在这期间,张学良同样饱受着相思之苦。他反常地频繁出入舞场,却怎么也见不到赵一荻,他食不甘味,眼前时常浮现赵四小姐如花的笑靥。不想,此间突然传来父亲张作霖乘坐的从北平返回奉天的火车,在路经皇姑屯时被日军炸毁的消息,张学良如闻晴天霹雳,需要火速赶往奉天处理父亲的后事。临行前,他派亲信接来了赵四小姐当面告别,无奈与痛楚写在他的眉眼中,他握紧赵一荻的手,千

少女时代的赵四小姐

言万语哽在喉间，不知从何说起。

　　此去凶险，赵一荻也知道这样匆匆一别，张学良生死难料，未知的命运让她倍加珍惜这短暂的相守，她看着他，不再顾及世俗的羁绊，主动献上一吻。一切尽在不言中，张学良喜极而泣，他掏出贴身的怀表送给她，以备留念。

　　生逢乱世，生死由天，他们无法预料，今日一别，何日再见。惶恐的赵一荻强做镇定地握紧张学良的手，郑重地承诺："汉卿，你要小心，不管发生什么事，我一定等你。"

　　一个"等"字，若从男人嘴里说出来，往往只是应景的话，转身就会被抛在脑后，可若是从女子嘴里说出来，那便常会是坚如磐石的严防死守。

　　离别之际，赵一荻向张学良许下"等"的诺言，一字千金，掷地有声。

张学良感动复欣喜，拥她入怀，良久才舍得放开。他回她："我不会让你空等。"

> 我欲与君相知，长命无绝衰！山无陵，江水为竭，冬雷震震，夏雨雪，天地合，乃敢与君绝。

对于纯真执著的赵一荻，对于坚韧阳刚的张学良，这样的约定是无悔的誓盟，那一刻，两个聚也匆匆、散也匆匆的人心系一隅，自此即使天涯远隔也如同形影相随。

为了防止日军阴谋制造第二起皇姑屯事件，张学良化装成兵士赶往奉天奔丧，他无比哀痛地处理了父亲的后事，国难当头，他对日本充满刻骨的仇恨，对国家的生死存亡忧心忡忡。作为一个军人，一个热血沸腾的中国人，他思索与寻求着救国之路，在繁忙中整顿军容，肩负重任，与日军周旋。

赵一荻望眼欲穿，为张学良的安危担忧不已，好容易盼来了张学良的信，却被父亲赵庆华扣押了。赵庆华从信中看出赵一荻与张学良的亲密，十分震怒。一生为人耿直的他怎么也没想到小女儿竟然与有妻有子的张学良互生爱慕，他狠狠地教训了赵一荻一顿，责令她不许再跟张学良来往。

赵一荻对父亲的反对很不服气，她相信张学良，她告诉父亲："张学良是一个非常爱自己的国家和同胞的人。他诚实而认真，从不欺骗别人，而且他对自己的一切所作所为，严格负责，绝不推诿。"当父亲怪她鬼迷心窍，劝她离开张学良时，她绝决地说："为了他，我愿意牺牲自己的一切，更不在乎如何称呼，是否有什么名分。"

看到女儿这样坚决，赵庆华知道再怎样苦口婆心的劝说也已无济于事，索性派人日夜看守着她，不许她单独出门，并开始张罗着给赵一荻相亲。

赵一荻心急如焚，张学良得知这些情况，也寝食难安。两个人都不是轻许诺言的人，那种惺惺相惜的爱让他们视对方为生命中的珍宝，他们不愿意错失了对方。他们不想被世俗的束缚剥夺爱的权利，便勇敢地进行抗争——私奔。

私奔一事，即使是放在思想开放的现代，也算是离经叛道的事，家长不同意，儿女自顾自跑了，弃孝道于不顾，自私自利地谋幸福去了，实在令人生气。虽然爱情只是两个人的事，不过"不听老人言，吃亏在眼前"的古训总是有道理的，儿女在择偶方面，理应多听听长辈的意见。可一般情况下，长辈的反对对于热恋的孩子来说，似乎只会起到催化、激化的效果，越反对，他们越是难舍难分，特别是当他们坚认自己的选择是正确的时候，想让他们回头，比登天还难。

赵一荻认准了非张学良不嫁，就算委屈作小，没名没分也不计较，在那般战乱的年代，今天活着明天难定生死，什么都不重要，能与心爱的人相守才是最重要的。为了爱情，赵一荻做好了粉身碎骨的准备。

1929 年秋天，在哥哥赵燕生的暗中帮助下，赵一荻与家人不告而别，乘火车单身赶往沈阳，去奉天找张学良。张学良喜出望外，把她安置在北陵别墅，和她秘密同居。

那一年，张学良 29 岁，赵一荻 17 岁。

这世上的事有时候真是很纠结，就像每个人都在向往爱情，可爱情到底是什么呢？恐怕少有人能说的清。真爱是人间最美好、高贵、纯洁的情感，它会让相爱的两个人水乳交融、相亲相爱、忠贞不渝……虽然理论上是这么说的，可事实为什么总是矛盾的？就说大多

30岁的张学良

被传为美谈的爱情故事,似乎少有明媒正娶、夫妻恩爱的版本,要么就是李师师等名妓与风流狎客间的故事,要么就是徐志摩式第三者插足的情节,而这样的爱情一开始就已远离道德,往往还建立在别人的痛苦之上,"爱情是自私的"难道以此作解?

赵一荻的所作所为,说白了,就是不折不扣的小三行径,而且"三"得十分彻底,别无所求,只求爱人伴在左右。当小三值得赞颂?不是应该被批贬的么?为什么传统的道德标准会对赵一荻横刀夺爱给予宽容,继而颂扬?看来,这事要看谁做,还有,过程不重要,重要是结果。一方面,张学良是"民族英雄、千古功臣",是个值得爱的热血男儿;另一方面,赵一荻坚韧地陪伴张学良72年,同甘共苦不计付出和回报,用实际行动阐释了爱情的不屈,这样的坚韧,恰恰是真爱的精髓和至高境界,世人少有人能做得到。基于这两点,赵一荻的爱情经过时间的累积和考验,排除万难,登峰造极,所谓"会当凌绝顶,一览众山小",在赵一荻大无畏的爱情精神下,所有世俗道德的约束都变得无足轻重,所以,赵一荻与张学良的爱是真爱中的极品,而极品都是需要膜拜的。

不过,在当时,赵一荻跟着张学良私奔同样被认为是玷辱门户、天理难容的事,在家庭和社会中掀起了轩然大波,一时间满城风雨、蜚短流长,赵一荻赵四小姐一夜之间,人气暴涨,成为家喻户晓的反面教材。

父亲赵庆华得知小女儿与张学良私奔的事,气得吐血,思来想去,在报纸上发表声明:

> 四女绮霞,近日为自由平等所惑,竟自私奔,不知去向。查照家祠规条第十九条及第二十二条,应行削除其名,本堂为祠任之一,自应依遵家法,呈报祠长执行。嗣后,因此发生任何情事,概不负责,此启。

意思就是"天要下雨,娘要改嫁,女儿私奔,随她去吧"。发完了声明,赵庆华辞官隐居,不问世事。这招儿,明着是反对,暗着是成全,既然生米都煮熟了,当家长的也只好从了,何况,张学良少年英雄,前途可为,也不是一般的凡夫俗子,虽然有家室,只要他善待赵一荻,家长们也无话可说。

这边战事初歇,张学良家里又燃起了战火。这老公都在外面金屋藏娇了,这原配老大怎么也不能当什么事儿都没有吧。于凤至很生气,是女人没人愿意老公劈腿的,她当初嫁给张学良的时候,张学良可是明媒正娶,发誓对她好一辈子的,现在不知打哪儿冒出来个赵四小姐,把张学良的魂儿都给勾走了,天天不见人影,让她一个人独守空房,这口气可怎么咽得下去?

于凤至找张学良谈判,张学良态度强硬,语气坚决地声明,我就喜欢她,就爱她,没有她,活着没意思!于凤至一听这话,知道她就算一哭二闹三上吊,也已不能把张学良这头倔牛给拉回来了。她了解张学良,他不是纨绔子弟,也不是拈花惹草风流成性的主儿,他眼高于顶不轻易动心,可一旦动了心,想让他改变心意是不可能的。权衡左右,于凤至忍了,与其闹得夫离子散,不如见见赵一荻,认做小妹,和睦相处,委曲求全,还能得上贤惠的美名,赢得张学良的敬重。

于是,在张学良的安排下,赵一荻与于凤至见面了。

这样的情节也是现在很多婚外情的高潮,小三经过一段时间的潜伏期后,积累了男人的恩宠变得底气十足,足以与老大的名分抗衡时,正面交锋就大张旗鼓地上演了,不是你死就是我活。男人夹在中间观战,很是左右为难,想保全家庭和名声就得忍痛割爱,而想保全甜蜜爱情就得妻离子散。男人就在这种为难里安静了,看两个女人斗法,谁赢了,他就跟谁回家,终难两全。

张学良不用为难,因为他有幸有通情达理的于凤至,有幸有不持宠而骄的赵一荻。两个女人见面没有剑拔弩张,于凤至没有盛气凌人,而是和风细雨地跟赵一荻谈心;赵一荻也没有飞扬跋扈,而是对于凤至恭敬有加,表明自己甘当张学良的贴身秘书,不求名分的立场。既然这样,于凤至也就没什么顾虑的了,当即欣赏接纳了赵一荻,亲切地称她小妹,自此,三人一起生活在一起,同进同出,家庭和美,羡煞旁人。

为自己而活,为真爱而生,什么人言可畏,什么伦理纲常、人生苦短,只要能与相爱的人在一起,她就别无所求。赵一荻爱得如此纯粹,这样的纯粹让她挣脱了一切羁绊,心无旁骛地与张学良双栖双飞。这样的爱,张学良甘之如饴、惜之如金,在此后绵长而艰辛的岁月里,正是这份纯粹而美好的爱支撑着他们,顽强、乐观地相守到老……

陌上花开,只为君顾。若是爱情可以这般纯粹、热烈,彼此坚定,那么,怎样的错也是对的。

知心爱人

赵一荻与张学良两情相悦,与于凤至和睦相处,一家人其乐融融。因爱而宽容,于凤至做到了,赵一荻更是难能可贵。不久,赵一荻怀孕了,张学良十分高兴,对赵一荻更加悉心呵护,殷切地盼着孩子出生。

好事多磨,怀孕期间,赵一荻的后背上生了个痈疽,疼得她难过至极,医生劝她拿掉胎儿,否则不利于医治痈疽,还可能危及她的生命。可是,为了能生下张学良的孩子,赵一荻断然拒绝,她咬牙忍痛怀胎七个月,硬是熬过了常人难以忍受的病痛,成功地治愈顽疾并保住了胎儿。

1929 年,赵一荻为张学良生下了儿子张闾琳,张学良欣喜若狂。两个人爱情的结晶呱呱落地,两个人的感情越发紧密甜美。于凤至并不嫉恨,而是贤淑大度地帮着赵一荻照看幼儿,两人姐妹情深,你敬我让,十分难得。

1931 年 4 月,张学良到北平任职,赵一荻和于凤至陪同前往,一起住在顺承郡王府。张学良体贴赵一荻,想设立一个独立的生活空间,以便单独与赵一荻相守相爱,于凤至也赞成,帮他选定离顺承郡不远的翠花街的一个院落。

张学良虽然应酬很多,但绝不在外面风流苟且,他对赵一荻始终如初识时疼爱,尽心呵护,不愿意让她受一点委屈。赵一荻善解人意,温柔可人,同样细心体贴张学良,帮他和于凤至打理家中大小事务,与张学良一起出席各种重要宴会,真正是上得厅堂、下得厨房的贤内助。

翠花街的小院,院墙上爬满了碧绿的爬山虎和繁花似锦的蔷薇,室内装饰简洁典雅,处处萦绕着祥和静美的氛围。温婉乖巧的赵一荻、坦诚率真的张学良,在这乱世中独享一方晴空、一隅乐土,相看两不厌,静赏花开花落。

那一段甜美静谧的时光,如西天绚丽的霞光,舒展着,蜿蜒着,成为他们一生中至美的回忆……

他们在这里招待好友知己,与北平各界社会名流交际应酬。赵一荻谈吐优雅得体,以流利的英语帮张学良与各国友人交流,以优美的舞姿赢得客人们的称赏,她给予张学良工作与生活上的帮助和快乐,如张学良的左膀右臂,他们越发亲密无间。

这样甜蜜和美的日子因"九一八"事变而中断。1931 年,日军向中国军队恶意挑衅,发动"九一八"事变,张学良因遵从蒋介石的不抵抗政策,结果让嚣张的日军不费吹灰之力占据东三省,张学良因此背上了"不抵抗将军"的骂名,赵一荻也因此被骂做"红颜祸水"。当时有一首被广为传唱的七绝诗:

> 赵四风流朱五狂,翩翩蝴蝶正当行。
> 温柔乡是英雄冢,哪管东师入沈阳。

彼时,除了赵一荻,没有人能体谅张学良的矛盾与痛苦。蒋介石的命令他不能违抗,而日军杀父之仇及对中国的侵占、对中国同胞的残忍屠杀让他恨之入骨,张学良愤懑而无奈,在热河保卫战中,他再次因蒋介石的干预而惨遭战败,举国上下谩骂声起,舆论更强烈地谴责张学良因沉溺女色而丧失斗志,弃丧国土祸国殃民。一时间,赵一荻和张学成为众矢之的。

1933 年 3 月 9 日,张学良怀着一腔愤懑前去晋见蒋介石,想请令收复东三省失地,没想到蒋介石说:"现在全国舆论,攻击我们二人。我与你同舟共命,若不先下去一人,以息怒潮,难免同遭灭顶之灾。"张学良一听,又闷又气之下,自请辞职。

下野后,国仇家恨等种种让张学良心绪烦乱,痛苦得无以复加,国难当头,日军节节侵犯,他张学良却只能眼睁睁看着,忍受着国人的屈解与责难。巨大的心理压力让他几近崩溃,他想借助吗啡缓解焦灼苦闷的情绪,没想到,随着他注射吗啡的次数越来越频繁,他对吗啡产生了依赖感,身心随之受到重创,变得萎靡不振。

看到心爱的人变成这个样子,赵一荻心如刀割。她理解他的痛苦和无奈,她为不能帮他解除这些痛苦而自责,可她不能看着张学良毁在吗啡上,她哭过、闹过,屡屡劝诫张学良不要再吸毒,可收效甚微。不过,她没有灰心,千方百计寻找着帮他戒毒的方法。

所有的方法都用过了,张学良的毒瘾仍然难以戒掉,昔日精神抖擞、神采奕奕的张学良面容憔悴,毒瘾一发作便涕泪交流。看到他这个样子,赵一荻痛下决心,剑走偏锋,决定采取强制方法帮他戒毒。

赵一荻请来德国名医米勒博士帮助张学良戒毒,她则与卫兵一起持枪守候在门外。为了防止张学良毒瘾发作时难以自制而伤害自己,米勒博士便把他捆绑在了椅子上。

开始的时候万分艰难,饱受毒瘾折磨的张学良在椅子上痛苦地呻吟哀号。那声音从屋子里传来,就像锋利的匕首刺痛着赵一荻的心,她舍不得心爱的男人忍受这样的痛苦,可又不得不狠下心来任由他难过,她泪流满面地守候在门口,陪着张学良一起熬过分分秒秒,昼夜相伴。

一连七天七夜过去了,经过脱胎换骨的张学良终于戒掉了毒瘾,当他看到形容憔悴的赵一荻时,默默地把她揽进怀中,与她相拥而泣。看到赵一荻为他付出这么多,在他最潦倒时仍然不离不弃,张学良从忧郁焦躁中振作起来,严格自律,发誓不让赵一荻再为他担忧。

经过一个月的调养,张学良受损的身体和精神都得到了很好的康复,再次变得意气风发。当张学良的密友、意大利驻华公使齐亚诺再次见到他时,惊愕地叫了起来:"哎呀,少帅,仅仅一个月,阁下真是判若两人那!"张学良知道,他能这般得以新生,是因为有了赵一荻这样一位知心爱人。

　　从今天开始,无论顺境或是逆境,富有或是贫穷,健康或是疾病,我将永远爱你、珍惜你直到地老天荒。我承诺我对你永远忠实,我将用最真诚的喜乐迎接你进入我的生命,使我们合而为一,成为一体。我会以最深的爱爱你,以最完全的心意关心你,以最温柔的态度照顾你。我承诺,你在我生命中的地位是最重要的,我将带你进入充满信、望、爱的生活……

每一对情侣携手时,都曾有这样的誓言,这是世上最美好、最庄严、最深情的话语,它是两个人决定用生命相守、共同谋求幸福的心声,温暖如冬日的阳光、如寒夜的火焰,让人为之心动神迁。可是,凡俗的生活那般琐碎,充满了那么多无法预料的事,想要坚守爱情并非像说的那么容易。

很多人都怀疑、动摇,甚至背叛爱人,也背叛自己当初的誓言,让曾经相爱的两个人成为互相伤害、水火难容的宿怨,只有那么少、那么少的人可以真正做到不离不弃,无论如何,也不离不弃。

安徒生有个童话叫《老头子总是对的》,故事里面的老头子分明就是个糊涂虫,他牵着马去集市卖,原本能卖个好价钱,结果一路上,他先是用一匹上等马换了一头下等牛,又把下等牛换成一只不中用的羊,接着又把羊换成更不值钱的鸡,最后,他竟然把鸡换成了一袋烂苹果。上帝就想,这下子老太婆不会再说老头子总是对的了吧,没想到,老头子回到家,老太婆丝毫没有责怪,而是给老头子拍拍身上的灰尘,笑咪咪地吻老头子的脸蛋,仍然说:"老头子总是对的。"两个老人喜气洋洋,快乐无比,看起来幸福极了。上帝一看,深受感动,就赐给他们一袋金币做奖励。

这个故事当然只是童话,如果发生在现实中,那袋金币如果不是烂苹果里的种子数年后发芽、长树、开花,结果卖了钱,是不会真的从天而降,但这袋金币的比喻意义是很明了的,那就是千金难买的真爱、宽容、体贴与幸福。

只要能和他在一起,吃苦也是甜的。那样来自内心的满足和快乐,足以让一对痴心相恋的情侣做彼此永远的知心爱人。

患难见真情

在那个时局动荡、国难当头的年代,赵一荻和张学良真挚的爱情如开在硝烟迷雾上璀璨的花朵,成为中国历史上浓墨重彩的一笔。

1934 年,张学良到上海任豫鄂皖三省"剿匪总司令部"副总司令职,蒋介石任总司令,谋划怎样成功打败共产党后再对抗日军的侵略。这种先内战而后共同对敌的策略,将会使处于水深火热中的国家更加衰弱。身负国仇家恨的张学良建议"停止内战,一致抗日",可惜几次上书,蒋介石都不予采纳。

张学良满腔爱国抱负得不到施展,反而要听从蒋介石的命令把枪口对准中国人自己,让日本人不费吹灰之力就占领了东北三省。张学良苦闷至极,此时赵一荻的宽慰让他明朗了心中的志向,他要保家卫国,决心不再为虎作伥。

为了国家和民族,张学良将个人生死置之度外,他决定兵谏。

深夜,张学良无法安眠,他握着赵一荻的手,深深地望着她,久久无语。赵一荻体谅他的处境,却没有劝阻他,她笑语盈盈:"我相信,你的决定是对的,不管发生什么事,我都会守在你身边。"

张学良感动之余,深受鼓舞,得此红粉知己、痴心爱人,夫复何求?他坚定了兵谏的决心。在与时任国民革命军第十七路总指挥、西北军领袖杨虎城商议后,于12月12日凌晨5点,全面发动直接军事监禁,率兵包围元帅府,扣留了时任国民政府军事委员会委员长和西北"剿匪"总司令的蒋介石,迫使其接受停止"剿共"一致抗日的主张。

张学良为国为民发动的"西安事变"给他带来了深重的灾难。"西安事变"后,蒋介石背信弃义,非法幽禁了张学良。

漫长的幽禁生涯像勒在张学良身上的绳索,束缚着他满腔报国壮志。从此,他从一名叱咤风云的将军变成一个无权无势的阶下囚。不过,这样迥异的人生并没有打倒张学良,他说:"作为一个军人,我是应该被枪毙;但是依我的良心,我没有做错!"他无私无畏的壮举,成功地结束了中国十年内战,实现了国内和平,并成功发动了全民抗日战争,他的功绩将永载史册。

张学良的遭遇并没有减少赵一荻和于凤至对他的爱，相反，她们更加敬他爱他，愿与他有难同当。当时，于凤至正在美国旧金山陪伴子女求学，听到张学良被囚禁的消息后，立刻赶回中国。与赵一荻每月一替一换，轮流陪伴张学良。随后，张学良被转押到溪口，赵一荻和于凤至也跟着一起辗转。

期间，因赵一荻与张学良所生的独子张闾琳年幼，需要母亲的照顾，于凤至为了使赵四小姐好好地抚养幼子，就说服赵四小姐返回上海，自己独自留下照顾张学良。

接下来，于凤至陪着张学良又先后被羁押到安徽、江西、湖南、贵州等地。1940年，随张学良押解各地备尝艰辛的于凤至身体极度虚弱，被查出患有乳癌。张学良向军统局局长戴笠提出让于凤至去美国治病，由赵一荻来照料自己的生活，这一要求获得了批准，于是，于凤至携子女赴美，而正在香港的赵一荻收到了张学良的电报。

当时，赵一荻在香港有自己的房子，有固定收入，生活安定。如果她以孩子还小，需要继续照顾为由推托，自此摆脱张学良也是可以的，可是，她一如既往地爱着他。她把幼子闾琳托付给美国朋友照料，只身前往，来到张学良的身边，以秘书的身份，尽夫人的责任，寸步不离张学良，陪他一起过漫长的、失去自由的幽禁生活。

曾不顾伦理纲常离家出走与张学良私奔，曾在"九一八"事变后因张学良背上"不抵抗将军"的骂名而被世人谩骂为"红颜祸水"，曾陪着张学良一起经历惊心动魄的"西安事变"的赵四小姐赵一荻，她与张学良真正做到了荣辱与共、生死相许。就是这份感天动地的爱，让她无怨无悔地陪着张学良，即使和他一起沦为阶下囚。

一个女子，为了富贵而追随一个男人，是太过平常的事；可如若一个女子为了追随一个男人，甘愿放弃富贵的生活而堕入困窘，这是件太难的事。赵一荻出身世家，从来衣食无忧，可当张学良身陷图

圄,她毅然决然地放下所有的尊荣,义无反顾地陪在爱人身边,这样
柔弱的女子,这样深重的情义,足以惊世骇俗,感天动地。

在凄苦冷寂的幽禁生涯中,美貌靓丽的赵一荻洗尽铅华,笑意盈
盈地陪着张学良,有他的地方,就有阳光、有花香,就是快乐的天堂。
苦闷的张学良因为有赵一荻的陪伴和开解,终于勇敢地面对被长期
幽禁的现实,变得开朗起来,他们一起学习,一起做他们想做并力所
能及的每一件事,学英语、研究明史、做礼拜、钓鱼、打网球……原本
单调乏味的生活变得生趣盎然。

"生活是面镜子,你笑它也笑,你哭它也哭。"或者,生活是面镜
子,真爱让它笑意甜美。赵一荻从来养尊处优,却可以这样吃苦耐
劳,是真爱让她拥有了神般无畏的热忱,她一如既往地爱他、呵护他、
宠他,在付出的同时,体会来自他的温暖和宠爱,那是真正的呼吸与
共、相依为命——她是他快乐的源泉,他是她生命的承载,两情相悦,
难舍难分。

生命因真爱而升华,无私无畏,无怨无悔,不管世人怎样评说,只
要能和他在一起,就是完美,无所谓得失,无所谓富贵还是贫贱,情意
无价,足够了。

很多时候,我们都向往生命里有这样一份爱,百分百的交付,百
分百的依恋和信赖,可是,这样的真爱,真的是这世上最稀缺的所在,
如果有幸拥有,一定要懂得珍惜。所以,如果哪个女人,曾在你穷困
潦倒的时候陪你一起吃苦,你一定不要在富贵后遗弃了她,因为你所
有的财富加起来也不如她来得珍贵;如果哪个男人,曾在你最失意最
无助地时候伴着你宠着你,你一定不要在得意时喜新厌旧,因为你一
旦把他弄丢了,就再也找不到这样一份爱恋。

在井上温泉的日子

　　1941 年 5 月,张学良患急性阑尾炎,赵一荻陪他到贵州中央医院做手术,出院后他们又被幽禁在贵阳黔灵山麒麟洞、开阳刘育。1944 年冬天,他们又被迫迁至桐梓天门洞,过着与世隔绝的生活。

　　不久,负责看管张学良的戴笠在南京因飞机失事被烧死,看守张学良的刘乙光一时也不知所措,一时间张学良与外界彻底失去了联系,生死难料。

　　1946 年,张学良与赵一荻被秘密押解到重庆,没过多长时间,他们又被通知第二天要动身离开重庆,目的地却没有告知。

　　张学良的情绪再度严重波动起来,赵一荻反而镇静得多,她安慰张学良,生死有命,不必费心,随遇而安就好。听了赵一荻的话,张学良也放宽了心,静静等候命运的裁决。

　　11 月 2 日,张学良与赵一荻被骗上飞机,秘密送至台湾,从此,与大陆两相远隔,故乡、故土,只在梦里重回,如若不是赵一荻在身边,张学良真不知道自己能不能接受这残酷的现实。两个人下了飞机,经过新竹,被送至井上温泉。

那是怎样恶劣的生活条件啊,旧木板房里,冬天潮湿阴冷,夏天酷热难耐,下雨天漏雨,刮风天透风,苦不堪言,偏偏张学良与赵一荻被限制了自由,活动范围仅限于狭小的院落,如果得不到批准,就不允许跨出大门一步,即使偶尔外出也必须有宪兵跟踪。

这样艰苦的拘禁日子足以毁掉弱者对生活的耐心和希望,可赵一荻和张学良是强者,他们是彼此精神的支柱,拥有彼此,就有了克服一切困难的力量。特别是赵一荻,她以常人难以想象的毅力和顽强、乐观的精神来面对这一切。她学会了缝纫裁衣,能把最普通低劣的面料缝制成合体的衣服,给自己和张学良穿上来抵御寒冷;为了给张学良增加营养,她学会了养鸡喂鹅,做美味鸡蛋粥……她力所能及地改善艰苦的生活条件,用一双纤纤素手把生活打理得井井有条,她不抱怨、不消极、不倦怠,沉着而从容地应对生活的种种,劳苦之余,她也从不让自己蓬头垢面,总是一如既往地保持整洁、清丽的妆容,优雅而自信地活着。

赵一荻是爱情中的圣使,是精神上的巨人,她镇定、从容,是那般波澜不惊,却有着惊世骇俗的力量,让人肃然起敬。她就是张学良的定心丹,无论生活怎样面目可憎,有佳人在侧,张学良也可以笑对生活。

艾伦·弗罗姆说:"爱是一种能力,是一种能去爱并能唤起爱的能力。"马克思也曾说过:"如果你的爱没有引起对方的爱,也就是说,如果你的爱没有造就出爱,如果你作为爱者,通过自己的生命表现未能使自己成为被爱者,那么你的爱就是无力的,你的爱就是不幸的。"

正是因为赵一荻心中充满爱,拥有阳光一般爱的温暖和力量,所以她能真正激起张学良的爱,和他一起在艰难困苦中创造幸福。她的爱,是无条件的接受,也是无条件的付出,带着对真、善、爱的追求,摆脱恐惧、痛苦、迷茫的困扰。这样的爱，是无价的，单纯得高贵，它的存在，让世间一切阴暗都相形见绌，让这悲凉的俗世，因此有了温馨和希望。

因为有赵一荻与张学良，我们相信了这世上有真爱，这种爱，不会因为岁月的打磨而冷却激情，不会因为外来的宠辱而动摇信念，它与生命同在，生之爱之，死而后已。

一个人的生命之火若能为爱这样熊熊燃烧，温暖、照亮自己与爱人彼此的世界，他们的生命与爱便无关生死，不朽长青！

在真爱面前，众生平等，即使你是一个非常平庸复平凡的人，没有横溢的才华或傲人的本领，也没有超众的智慧或绝世的姿容，没有显赫的地位或惊人的财富……哪怕你一无所有，但你如果拥有真诚地爱的能力，能与爱人平等地、坚强地爱的能力，那这人生的风景，会因为有爱而变得风光无限，哪怕它再艰辛。

也许，许多人对赵一荻的选择局限于口头上的赞美，而内心是不认同的，觉得她很傻。这就像许多人嘴上高唱爱情至上，在爱人有困难的时候，却翻脸比翻书还快。"物质女孩"在今天也已经不仅仅是个别现象，而是普遍的功利群体。

在确立恋爱关系前，就已经左看右看上看下看地进行了方方面面地筛选，精益求精地选了一个，觉得对方能保证以后的荣华富贵，要车、要房、要存款，缺一不可，然后才放心大胆地爱去。爱着爱着，已经用情至深了，如果对方突然有个三长两短，损失不大的话，爱情尚可继续，如果伤筋动骨了，或者动摇立家根本了，把房车存款弄没了，那爱情就是浮云了，即使小女子已经以身相许，也无所顾念地潇洒走一回，反正这世上人多如潮，凭什么拿青春赌明天啊，抓住眼前

赵一荻的「伴读」时光

的利益才是最重要的。

　　每个人有每个人的选择,只是,若都这般物质,那这个世界真将悲凉一片,再找不到温暖灵魂的真情真爱了,那将是人类最大的悲哀。

有情人终成眷属

　　抗战胜利后,张学良长舒一口气,以为蒋介石会就此还他自由,可没想到,蒋介石对张学良的请求置若罔闻,反而派人送来1936年的挂历和一双绣花鞋。挂历的意义是告诉张学良,蒋介石旧仇难忘;绣花鞋是当时蒋介石仓皇逃跑时,慌乱之中穿了女人的绣花鞋,这份耻辱也是蒋介石难以忘怀的。关了张学良这么多年,他还没解恨,坚决不肯让张学良获得自由。

　　张学良十分苦闷,赵一荻却笑着说:"已经过了这么多年了,我都习惯了,不在乎多几年吧。"张学良听了,也笑了。回想这漫长的幽禁生活,眼前原本靓丽的赵一荻已经青春不再,容颜沧桑,张学良感动复感激,把她拥入怀里,久久无语。

　　1958 年,蒋介石终于答应安排时间见张学良。

　　沧海桑田,风云变幻,对中国近代史有重要影响的两个人终于见面了,曾经的意气风发、壮年精干都已变成了鹤发鸡皮、老态龙钟,所有的恩怨情仇,似乎在四目相接的一瞬间,都随着呼啸而过的岁月沉寂如明日黄花。深深地凝望间,所有的言语都已苍白无力。

　　二十多年了,世界已经悄然巨变,新中国成立了,中国大地已经在中国共产党的领导下步入富国强民之路,内战和外来侵略都已经成为历史,从前的将卫士兵、壮年时的同窗好友,也都各奔东西、命运各异了,一切的一切,都已不复从前,唯一永恒的,就是赵一荻的爱。

　　她守着他,任劳任怨,从来没有要求过名分。时近黄昏,他要完成自己一个夙愿,给她一个名分,这名分,代表真切的感激,代表来不及补偿的青春时的承诺。

　　1964 年 3 月,张学良与结发妻子于凤至商议解除婚约,与赵一荻正式结婚。他执笔给于凤至写了一封信,交由从美国前来探亲的长女闾瑛和其夫婿陶鹏飞,转交给于凤至。他对女儿说:"闾瑛,爸爸老了,我最大的心愿就是能成为一名虔诚的基督徒。因为你妈和赵四小姐的原因,牧师不肯为我进行教徒洗礼。这封信带给你妈,就说我请求她帮我下决心吧!"

　　这样委婉的说词也是为了让于凤至不会委屈难过,而于凤至始终那样通情达理,身患重病的她对亲友和子女们说:"你们的心意我都明白,我是个通情达理的人,汉卿的苦处我不是不知道,我自己也曾经想过这件事。赵四小姐是位难得的女子,25 年来一直陪着汉卿同共生、同患难，一般人是做不到的。所以我对她也十分敬佩。现在由她陪着汉卿，汉卿高兴，我也放心。至于我个人的委屈，同他们所受的无边苦楚和寂寞比起来，又算得了什么。"她又对女儿说："只要能使你父亲有安慰之欣悦，我任何事情都答应。"而后，于凤至给张学良回复了一封信，信上写道："你们的爱情是纯洁无瑕的，堪称风尘知己。尤其是绮霞妹妹，无私地牺牲了自己的一切，任劳任怨，陪侍汉卿，真是高风亮节，世人皆碑。其实，你俩早就应该结成丝梦，我谨在异国他乡对你们的婚礼表示祝贺！"

飞鸿传音，张学良看到于凤至寄来的信，感念于怀，热泪盈眶，他这一生，前半生兵戈铁马、叱咤风云，后半生因"西安事变"而身陷囹圄、隐世独居，他于国于家无愧于心，但对于凤至和赵一荻这两个至亲至爱的女人，心中怀有无限的遗憾，他无法让她们过上好日子，都跟着他吃苦受累，而他又何其有幸，有这样两个贴心的伴侣。

当张学良默默地把信递给赵一荻时，业已风烛残年的赵一荻无语凝噎，千言万语哽在喉头，化做一缕幸福的微笑……

7月4日，张学良与赵一荻正式结为夫妻，结婚典礼在台北市杭州南路美籍友人吉米·爱尔窦先生的寓所举行。在牧师庄严的宣讲词中，这一对历经磨难、相依为命的情侣终于结为夫妻。

虽然，彼时，结婚不过是一种形式，而赵一荻从来没有计较过名分，可当她陪着张学良度过36年艰辛的幽禁生活，终于和他手牵手一起站在教堂中宣誓时，她因久经历练而坚强的心因喜悦而颤栗，她泪洒当场，微笑如花，让在场所有的嘉宾都忍不住眼含热泪。

这是世上最坚韧、最纯洁的爱情，这是世上最应该被祝福的婚姻，他们的生命因相依而圆满，他们的人生因相偎而幸福……

痛苦的幽禁生活终于变成历史，尘封在了岁月里……张学良和

相伴一生

赵一荻都成为虔诚的基督教徒,相依相随到夏威夷定居。

2000 年 6 月 12 日,赵一荻不慎从床上摔下来而受伤,被送到夏威夷一家医院就治,他们唯一的儿子张闾琳得知这个消息后,特地从加利福尼亚州赶到夏威夷侍奉母亲。

在赵一荻患病住院期间,张学良终日守在床边,握着她的手,温柔地呼唤她,那样依恋,那样浓情。那些被封存的美好记忆,张学良记忆犹新:初见她时,惊鸿一掠般心动,她甜蜜静谧的微笑,如春风拂过冰融雪消的湖面,漾开一池涟漪;相爱时,她陪他翩翩起舞,周旋于各种应酬,仪态万方,陪他出生入死,无怨无悔;漫长的幽禁生活中,她宽言慰语,从容淡定,陪他辗转东西,度过一段段艰辛的岁月……可是,现在,他们都老了,他最亲密的爱人躺在病床上,紧闭着双眼,呼吸微弱,她像他生命里的烛光,即将为他燃尽最后的热情。他不忍、不舍、不敢松开她的手,他怕自己一松开,她就离他而去,再也不会听他说话,对着他笑……

泪水在眼眶中打转,他强忍着不让眼泪流下来,他戎马半生,喜怒不形于色,可这样的时候,他终是忍不住双泪长流,而她再也不能为他拭去泪痕,陪他一起看春花秋月。

赵一荻的脉搏终于停止了跳动,她已不复青春靓丽的脸庞挂着欣慰的笑意,恬淡静寂如同睡去,至死,她都握着爱人的手,这一生,她都和他在一起,她很满足,很快乐,很幸福……

芳魂已逝,张学良犹自握着妻子的手,默默地为她抚去腮边的碎发,深深地凝望她,久久久久……眼泪终是簌簌地落下,他哀伤地低语:"我的姑娘……"那般凄伤的场景,在场人无不落泪。

赵一荻病逝后,百岁高龄的张学良郁郁寡欢,他常去曾经和赵一荻一起去过的地方睹物思人,有时,他会自言自语:"我的太太已经走了。"似乎要确认这件事的真实性,而她在他的心里,生命不止,他便无法将她忘怀,他想她,刻骨铭心地想念。

一年后,张学良病逝,黄泉路上追随赵一荻而去……

曾经沧海难为水,除却巫山不是云。

爱我所爱,无怨无悔。

赵一荻为爱而生,为爱而死,她美丽如花的一生,芬芳长存,亘古流香。一个女子的生命,因为执着无悔的爱情而超凡脱俗,拥有了神使般圣洁、纯美的光辉……

因为她的存在,我们有理由相信真爱。

名利
淡泊，　　　真爱是金

戏假情真
孟小冬

游龙戏凤

她,出身梨园世家,5 岁学艺,7 岁登台,12 岁开始巡回公演,14 岁名震上海滩,18 岁誉满京城,被评论界盛赞:"扮相俊秀,嗓音宽亮,不带雌音,在坤生中有首屈一指之势。"她就是京剧表演大师,曾被誉为梨园"冬皇"的孟小冬。

一个女子,艳色惊人,技高一筹,将京剧这门国粹艺术继承、发扬、光大,以独特而卓绝的扮相和演技闻名于世,成为一代绝世名伶,这样的女子,她的爱情和婚姻,也必然是异彩纷呈的吧! 孟小冬的一生,曾因爱而消沉,也曾因爱而振奋,曲径通幽处,幽境独行迷,在爱情中跋涉的女子,三分命定,七分打拼,无论旁观还是当局,都难以清明。

堕入爱欲红尘,天使有泪。

孟小冬生命中的两个男人,一个是梅兰芳,一个是杜月笙。

梅兰芳是家喻户晓的京剧表演艺术大家;杜月笙也是 20 世纪上半叶中国上海滩最富传奇色彩的人物之一,他在生意场上左右逢源,游刃有余,是名震四方的商业大亨。

一个人,两段情,一段看似完美,实是塌败,一段看似残缺,实是圆满。

雾里看花,花开不败,孟小冬亭亭玉立的身影,从民国历史的烟雾中迤逦走出,带我们步入她荣辱兴衰、敢爱敢恨的爱与婚姻……

那一年,那一季,那一天,正是 1925 年白雪静落的清晨,在北京初次登台演出《四郎探母》的孟小冬,面对座无虚席的观众,拿出看家本领倾情演出,唱、念、做、打样样精通,亦娇亦嗔,时而温柔似水,时而刚烈如火,以出神入化的表演技艺赢得了雷鸣般的掌声。

他,梅兰芳,彼时已是红遍京城的旦角儿"伶王",他就坐在观众之中,微笑着看她唱戏。她明明是个明艳照人、天生丽质的小女子,偏偏把武猛的四郎演得惟妙惟肖,声线粗犷雄浑,吐字铿锵婉转,通身上下都是男子独有的阳刚,举手投足都是游子回乡探母的喜乐,那是从骨子里透出来的灵气,是从灵气里跳脱出来的戏分,她让他惊讶。

观众似着了魔,为孟小冬的表演深深折服,当她唱起的时候,观众们聚精会神、鸦雀无声;当她间歇的时候,观众的掌声就像潮起般汹涌澎湃,经久不息。他在人群中,也为她鼓掌,却在她没有注意的时候,悄然退场。那时,他便有了一丝渴望,渴望某天,与她同台共演,渴望某天,与她再相见。

这一天似乎来得太迟了,可还好,总算是盼来了。8月,夏荫正长,到处蝉鸣蛙唱,而这个夏天,雨水似乎特别多,缠绵清瘦的雨丝终日遮天连地,似他牵连不断的情思。

孟小冬久闻梅兰芳大名,本想,名声大噪多时的他是个过了不惑之年的老将了吧,没想到,当他站在面前时,微笑如三月春风。她也不由心惊,一袭白袍裹着俊秀的身姿,浓眉朗目英气勃发,风度翩翩如同龄尊长。

四目相对,似曾相识,时光停驻,心聚神凝。

眼前的孟小冬,脱了戏袍,洗尽铅华,眉清眼秀,却更加明艳照人,她看似如此楚楚娇柔,若不是曾亲眼见她在舞台上那般强悍的演技,梅兰芳真怀疑这小女子在京剧艺术上会有那么深的造诣。梅兰芳一时神荡魂迁,半晌无语。

两个人就那么僵站着,一时无语。旁边的人当两人因互不相识而拘谨,就从旁做了介绍:"这是伶王梅兰芳,这是冬皇孟小冬。"梅兰芳是男人,扮演的是旦角,孟小冬是女子,扮演的多是生角,现实与戏台上性别的互换,是阴差阳错的巧合,还是冥冥中缘定三生?两位艺术家从愣怔中回过神儿来,不约而同伸手相握,那一刻,孟小冬尚且不知,自己和这位梅先生会有一段纷繁的情事。

接下来的表演,孟小冬演《上天台》,梅兰芳演《霸王别姬》。

《上天台》中,孟小冬身着金色龙袍演一代武皇刘秀,为名将姚期之子姚刚打死郭太师而矛盾重重,既想念姚期于国有功而赦免姚刚,又怕纵容了姚刚无以服众,于是先将姚刚发配湖广,慰留姚期,劝他不要辞官,结果却在醉酒后把姚期斩于刀下。就见她步着方步沉稳而高贵地走上台来,雄浑磁厚的声音一出口,便引来台下万众欢呼鼓掌。

外行看热闹,内行看门道,梅兰芳目不转睛地看着孟小冬,心随着她的唱词起伏跌宕:

> 金钟响玉磬声王登九重,普天下喜的是五谷丰登。文凭着邓先生阴阳有准,武全仗姚皇兄扶保乾坤。内侍这摆御驾把九龙口进,又听得殿角大放悲声……

她的声线辽远而又切近,音域宽广如浩瀚的大海,他微微闭上眼睛,她的声音便填满了整个世界,那般雄浑有力,又那般清澈宛转,时而如雷霆万钧,时而又徐缓如水,不用看她的举动,但听她的唱腔,便已可以假乱真,让他错觉戏台上站着的,确实是个阳刚的皇者。

> 孟小冬生得一副好嗓子,最难得的是没有雌音,这在千千万万人里是难得一见的,在女须生的世界,不敢说后无来者,至少可说是前无古人。

少女孟小冬

　　梅兰芳蓦然想起曾看到剧评家"燕京散人"在报纸上对孟小冬唱腔的评论，当时，他不以为然，如今，他心悦诚服，这样的盛赞，孟小冬当之无愧！

　　从来没想到，自己会成为别人的戏迷，但这一刻，梅兰芳承认自己被孟小冬的戏迷住了。

　　睁开眼睛，就见她在台上大放异彩，眉头深锁时，帝王不怒自威的气势油然而生；展颜朗笑时，帝王傲视苍生的霸气一览无余……她令他目眩神迷，时间便在这入神的聆听中一闪而过。

　　她是"英雄"中的"英雄"。他想。

　　轮到他上台了，他演的是经典曲目《霸王别姬》，身穿凤冠霞帔演虞姬，在楚汉之争中，霸王项羽与刘邦相斗兵败，刘邦率兵将项羽困在垓下，项羽突围前夕，在帐中与心爱的虞姬诀别，虞姬为让项羽无后顾之忧，自刎殉情。

　　……劝君王饮酒听虞歌，解君忧闷舞婆娑。赢秦无道
把江山破，英雄四路起干戈，自古常言不欺我，成败兴亡一
刹那，宽心饮酒宝帐坐，且听军情报如何……

　　那般柔美的唱腔，如天籁之音让人心荡神摇，孟小冬也不由听得入神，看着台上玉树临风的白衣男子腰肢如柳，玉指如葱，时喜时嗔，顾盼生辉，她叹为观止。

　　他是"美人"中的"美人"。她想。

　　惺惺相惜之感，就在彼此看戏的过程中迅速泛起，当梅兰芳唱完时，她为他拼命鼓掌，手都痛了也浑然不觉。她去后台看他，想说什么，话到嘴边，无端地口拙，于是，就那么僵硬地站定，尊称他一声"梅大爷"，再无别话。他呢，对上她明澈的眸子，也无端地慌乱，只木讷地应了一声"哎"，便与她擦身而过，心兀自跳得紧锣密鼓。

　　原本，以为就这样错过了，从此，你做你的伶王，我做我的冬皇，各唱各戏，各走各路。可天地有时候就是这么小，抬头不见，低头又见了。

　　时隔一年，北平财政总长王克敏举行半百生日宴会，大摆宴席，广邀亲朋，自然也要大唱堂会戏。京城名流、名伶俊秀如约而来，其中，已名满京城、风华绝代的当红"冬皇"孟小冬也在应邀之列。

　　展开请柬的一瞬间，孟小冬就想，会不会看到他呢？应该是会的吧。果然，时已举世闻名的青衣花旦梅兰芳也翩然而至，在人群中，他们只一眼，就看到了对方，仍然是深深地凝望和无语地沉默，那一刻，他们预感，这天会发生些什么。

　　不出所料，席间，大伙正杯觥交错，你来我往地热闹着，突然就有人语出惊人："大家想不想看冬皇与梅先生演《游龙戏凤》？一个是须生之皇，一个是旦角之王，王皇同场，珠联璧合，一定精彩至极！"

　　一语即出，百声赞同，热烈的掌声中，梅兰芳与孟小冬欣然领命。

　　陪着孟小冬一起来的师傅仇月祥有些着急了，提醒她："小冬，他倒是唱得熟了，你哪会唱这出啊，又是唱做并重的，稍有差池，不是自毁声誉么？"见孟小冬无动于衷，想起这时候箭在弦上，也不能不发了，又给她提议："既然推托不了，就好好应付着，你只要照着老本老词地唱一遍，循规蹈矩意思做两下，别僵在台上也就算过去啊。"

　　孟小冬嫣然一笑，只说："帮我上妆吧，师傅。"

　　仇月祥见她似乎胸有成竹，也就不再多话，细细地把她妆扮起来。他把她头上的网子勒得更高更紧一些，化妆的时候，把她的眉毛拉长上挑，眼皮上着了红彩眼影。妆扮完，一个英气勃发、乔装打扮的皇帝就活灵活现了。

　　孟小冬上了台，落落大方地唱开了，一举一动无不潇洒漂亮，当身着绣花锦衣的梅兰芳上得台来，两人一唱一和，配合默契，似先前排练过千百回。

　　……

　　月儿弯弯照天下，问起军爷你哪家？（梅）

　　凤姐不必盘问路，为军的住在这天底下。（孟）

　　军爷做事理太差，不该调戏我们好人家。（梅）

　　好人家来歹人家，不该斜插这海棠花。扭扭捏捏、捏捏扭扭十分俊雅，风流就在这朵海棠花。（孟）

　　海棠花来海棠花，倒被军爷取笑咱。我这里将花丢地下，从今不戴这朵海棠花。（梅）

　　李凤姐，做事差，不该将花丢在地下，为军的用手忙拾起，李凤姐，来来来，我与你插……插……插上这朵海棠花。（孟）

……

见此情好似入梦境,真龙天子到房中。我这里上前忙
跪定,尊声万岁把奴封。(梅)

孤三官六院俱封定,封你闲游嬉耍富。(孟)

……

角色的性别是颠倒的,梅兰芳演的旦角李凤,孟小冬演的生角朱
厚照皇帝。从唱词上,能轻易知道这是个怎样的故事,明武宗朱厚照
微服私访,中途进了家久盛楼,遇到美女李凤姐,被凤姐闭月羞花的
美貌所倾倒,故意呼酒唤菜调戏她,眉来眼去间,朱厚照越发神魂颠
倒,终于按捺不住表露了皇帝的身份,对凤姐深情表白,凤姐被朱厚
照感动,投怀送抱成就美事,后来凤姐求封,朱厚照封妃。

孟小冬和梅兰芳头一次同台共演,就在众目睽睽之下,与他唱了
这出由调情开始的戏码,戏剧是大团圆结局,皇上抱得美人归,情愿
得偿,洞房花烛,好不快活。

可这段故事还有后续,朱厚照得到李凤后,带她回京,可回到居
庸关时,朱厚照又遇上一个绝色美女,竟然把李凤一个人扔下走了。

李凤望眼欲穿地等了一年,生下一个男婴,郁闷而死,而她曾居
住的居庸关南山坡上长满白草,得名"白凤冢"……

所以,这出《游龙戏凤》看似喜剧,实际上是一出地地道道的
悲剧。

人生的事情总是这般难以预料,冥冥中似乎又总有前兆,在孟小
冬与梅兰芳唱这出戏时,她断然没想到,她和梅兰芳此后的故事,也
如这出《游龙戏凤》,以喜剧开始,以悲剧结局。

只是,在现实中,她似李凤,皇帝是梅兰芳。

当两人在台上眉目传情,声歇身定时,台下掌声雷动,他们并肩

孟小冬、梅兰芳同台

向观众致意,孟小冬芳心大动时,怎么会想到,她的第一段爱情与婚姻,与这《游龙戏凤》的戏码大同小异……

人生如戏,所有喜怒哀乐、爱恨情仇都将变成过眼云烟,只是,这出戏悬念到底,每个演员都不知道自己下一场演的是哪一出,尤其是步入爱恋的女子,她难以知道,她今天爱上、也爱她的男人,明天是否依然爱她。

就在孟小冬在那繁花似锦的日子里,与梅兰芳以戏为媒,芳心暗许时,她人生的第一场爱恋如火如荼地展开了……

这的确是天生一对,地设一双。成人之美,亦生平一乐,如果把他们凑成段美满婚姻,也是人间佳话。

　　这段话是梅兰芳的戏迷说的,几乎所有的人都认为这的确是一件两全齐美的事。

　　这些话自然传到了孟小冬的耳朵里,并且隔了几天,真有梅兰芳的铁杆戏迷前来说媒,而这些戏迷自然是得到梅兰芳的应允才敢前来。

　　孟小冬想起梅兰芳雅逸不凡的风度,想及他在台上才华横溢的表演,钦佩之下,芳心暗动,对前来说媒的人礼遇有嘉,这门亲事,她也是愿意的。

　　可是,孟小冬的师傅仇月祥很反对,孟家其他人也不赞同,毕竟梅兰芳已经有两房太太了,孟小冬过门是必须要做偏房的。就凭着孟小冬这般才貌双全的资质,又已经名满京城,去给人家做小,实在是太委屈她了。

　　这件事也就暂且搁下了,孟小冬有些顾虑,却又忍不住对梅兰芳的相思,再同台,两个人唱得是戏文,吐的是心声,一来一去,越发觉得灵犀相通,配合默契,梅兰芳也越发迷恋孟小冬,绞尽脑汁想着怎么娶得佳人归。

　　思来想去,为表诚意,梅兰芳决定另置房产,让孟小冬与大房福芝芳分开居住,在地位上看似平起平坐。孟小冬自然愿意,孟家也不好再反对了,这件事也就水到渠成了。

　　两个都是京剧艺术大师,一个是旦角名伶,一个是须生冬皇,男女都是天之骄子般的人物,有才有貌,美名远播,又能相互钦羡、惺惺相惜,他们能走在一起,的确像是珠联璧合,几乎所有的人都这样认为。

　　可是,婚姻常会变成一个难解的方程式,不日积月累地走过,那个谜底就总难以解开。门当户对、志同道合,人们都觉得具备了这两点,婚姻幸福的指数就没问题,可问题偏偏总是存在的,而且随着时间的推移,问题会变得越来越严重,最终变成婚姻的疑难杂症,而有些疑难杂症又常是不治之症。

每个童话故事的开始都是看似完美的、浪漫的、纯情的,结婚了,故事完了,最后的一句,"王子和公主从此开始幸福的生活"。这句话,现在看来更多像是作者的一厢情愿,它模糊而不确实。实际上,现实生活中的王子和公主也会吵架,也会彼此伤害,当爱情落入婚姻的魔域,爱情容易褪色、降温,若得不到及时的修复,它便迅速凋零,甚至腐朽。

只是,人们不愿意过早地去想、去预料后来,后来永远是个未知数,人们关心的是眼下。眼下,人们皆大欢喜,郎有情,妾有意,结婚便被提上了正式议程。这天,1926 年 8 月 28 日,《北洋画报》上刊登了一则消息:"小冬听从记者意见,决定嫁,新郎不是阔佬,也不是督军省长之类,而是梅兰芳。"消息旁边有梅兰芳和孟小冬两人的照片,照片下面的文字是:"将娶孟小冬之梅兰芳"和"将嫁梅兰芳之孟小冬"。

两个原本各自独立的人,因爱情与婚姻被绑在了一起,就连姓名介绍,也都是你中有我,我中有你了。只是,上面的那个消息,细细品来十分有趣,"不是阔佬"说明没钱,"不是督军省长之类"说明没权,"而是"一转折,这意思就是说,梅兰芳没钱没权,只是一个唱戏的。这话无疑是有些贬损的意思,可不管它是什么意思,它都向这个世界响亮地宣告了一个事实:孟小冬即将成为梅兰芳的妻子。

消息发了,请柬也很快送了出去,选新屋子,布置宴席,平静的生活因一场婚姻而变得热闹繁琐起来。梅兰芳与孟小冬一起写请柬、一起看新屋,手拉着手走在北京秋风渐冷的街头。那时的月光,水样的氤氲,迷蒙的夜色,如舞台剧上的聚光灯,笼罩着两个在乱世红尘中渴望纯情、纯净的人,看他们在人间琐事中悲欢离合。

"小冬……"梅兰芳在台上神采飞扬,台下多是内敛稳静、少言寡语的,他握紧了她的手,唤了她的名字,想说什么,到底还是沉默下去,只深深看她,俊朗的眉目中饱含万语千言。

"嗯?"孟小冬也是惯于沉默的,他们的生命,似乎同样为京剧艺术而生,当他们穿上雕龙绣凤的华丽戏装,描画了精致的眉眼,款款走上台去,他们便忘了自己,让灵魂与扮演的角色合而为一,他们演绎那些王侯将相的人生和精彩,在剧情中喜怒哀乐,用婉转的唱腔表情达意,旷世才华尽情挥洒,那时的他们,是超凡脱俗、凌驾于浮世之上的精灵。可精灵走下戏台,便灵光尽失,又还复成为生计奔碌的凡夫俗子,梅兰芳如是,孟小冬也一样,她因对着心爱男子的深情凝视而心跳如鹿,本就拙于言辞的她,越发口干舌燥,说不出半句话来。

那样的年代,就算是这样手拉着手,也是因为有浓郁夜色的遮掩,若是在光天化日下,他们断不敢这般亲昵;话,自然也是乏味的,断不能如诗人徐志摩那样,口吐莲花山盟海誓。孟小冬和梅兰芳的情话,就在同台演出时唱出的那些句戏文对白,下了台,所有的浓意蜜意也都封了口,再难以外溢了。

两个人常常就这样无语相向,片刻后,一起匆匆而归,各自回家去编排第二天的演出。他们都太忙了,在那缺少娱乐活动、既没有电视也没有游戏机的时代,他们是大众娱乐的主心骨,若没有他们一场一场地登台艺演,茫然的人们会觉得日子过得索然无味。

一边忙,一边筹备婚礼。虽然也不必铺张浪费、兴师动众,因为他们太忙碌,所以婚前简单的筹备还是耗时不少,这一拖就拖到了1927 年的农历正月二十四日。

北京天冷,凛冽的北风呼啸而过,走街串巷地冻僵了所有的生机,梅兰芳与孟小冬的新屋外,原本爬满墙壁的碧绿藤萝,早已在萧瑟的季节里枯干精瘦。一条条藤子交错在墙上,有气无力地搭拉着

孟小冬与梅兰芳的传奇婚恋

几个风干的叶子,皱巴巴地在风里抖着,冷不丁就被凄风冷雪卷了去,垂死挣扎着翻几个跟斗,然后不知飘去哪里了。

外面是萧条的,屋里是热闹的。虽然婚姻很简单,只在窗户上贴了几个喜字,只请了几个圈子里的亲朋好友,凑了两桌喝几杯酒,吃几个菜,但这简单的仪式却华丽地明确了两个人的婚姻成为事实。

孟小冬从认识梅兰芳到嫁给他,为时一年半载,中间又因为两人各有所忙,见面的时间严重缩水,总计不过两三个月,用现在时髦的词来形容,他们算是"闪婚"。

现实版《游龙戏凤》唱到这儿,算是暂告段落了,夫妻双双把家还。一鞠躬,跪拜天地;二鞠躬,跪拜父母;三鞠躬,送入洞房,鸳颠凤倒……

委屈难求全

本来,梅兰芳和孟小冬结婚了,人们料想两个人可以举案齐眉、夫唱妇随,在舞台上再现"乾坤绝配"的精彩,可是,事实却出乎人们意料。

梅兰芳纵是才华出众、技艺超人,骨子里还是脱不了男尊女卑的大男子主义。他娶了孟小冬,孟小冬再有才再有名气,也就是他的女人了,他不想自己的女人婚后再去抛头露面,他觉得这对男人来说是一种耻辱。

孟小冬善解人意,既然爱了,也结了婚了,他不愿意的事,她这做妻妾的也还是遵从他的意愿比较好。虽然她舍不得远离舞台,放不下平生所学,可女人结了婚,到底还是应该以家为重的,如果梅兰芳能自始至终对她好,她再为他生个孩子,从此相夫教子,不唱戏又有什么要紧?

孟小冬痛苦地决择后,默默地选择了忍让,甘愿收敛起所有的锋芒与荣耀,悄然隐退在梅兰芳的身后,过起简单的居家生活。

从此,喜怒哀乐尽为他一人所有。

他唱完戏累了,她躬身为他端来盆水,帮他擦洗;他夜里饿了,她起身为他下厨,拣他爱吃的做;他心里烦了,她静默地坐在一边,听他絮说,时而为他按捏酸胀的肩胛……她那双青葱玉手,原本为艺术而高贵的一双手,平生从未做过这些粗活,可是为心中所爱,它们愿意这般辛苦。

她不再盛装打扮,穿样式平常的衣裳,着最素淡的妆容,一如最普通的家庭主妇。一度,连她自己都会疑惑,昔日那个在舞台上多姿多彩的梨园冬皇真是自己么?

每每忆及,皆似梦境。心底不是不失落的,可既然嫁了,就随遇而安吧。何况,梅兰芳算是贴心贴意,每每唱完了戏就早早地赶回来,陪着她一起读书、散步,做些夫妻间才会做的事。

本以为,日子从此以后都是这般波澜不惊、恬淡静好的,可是,婚后短暂的甜蜜很快消散了去。

变成了家庭主妇的孟小冬看似绝世武功尽失的废人,而再姣好的容颜,看惯了也是平常,她本素性,不擅谈笑,多数时候都是静默的,两个持重雅静的人独处一室,往往是相对无言。

若是恋爱时节,这样的相对是暧昧的,是暗香流动的;可婚后还这样子相对,感觉就是乏味枯燥了。想找话说,也似无话可说,无非就是唱戏,孟小冬不唱了,梅兰芳若提及,会刺痛孟小冬的心,他不是不知道,被迫放弃自己所爱的事业是多么痛苦的事,可为了面子,他还是用婚姻藏匿了孟小冬的才华和光芒。他自私地希望,他的女人不能招摇过市,她的锋芒更不能超越自己。

于是,两个神仙伴侣的裂隙就从这相对无言开始,似岁月悄无声息刻进树杆里的纹理,由浅入深,由小扩大,蔓延的尽是沧桑。

孟小冬不快乐,她无法快乐。梅兰芳不愿意她再去唱戏,她就只能天天待在家里,用着梅兰芳赚来的家用算计度日,在柴米油盐里消磨时日和心志,她像珍珠一般的生命,偏偏要被世俗的灰尘掩藏起来,再也无法焕发属于自己的神采。那一份隐忍,原本因梅兰芳的知心体贴而妥协,可日子久了,梅兰芳的热情潮汐般退却了,这寂寞无为的日子,便真真成了一种煎熬。

距离产生美,若真靠得太近了,美感尽失,剩下的,也多是哀怨了。

梅兰芳的魅力,似乎也仅限于舞台上了,生活中,他实在是个无趣的男人。既然无法说戏,说别的,他又说不出来,他更不是那样会在意她情绪波动、愿意花心思为她开忧解闷的人。他有他的傲气,而且这份傲气比旁人更胜三分,那是一种为自身才华出众而滋生的骄傲,还有一份因唱戏的始终地位卑微而激发的逆反,这两种感受矛盾地存在着,让梅兰芳孤高冷傲,即使是她孟小冬,也难以走进他的心里。

童话是美好的,现实总令人无奈。

家里少有人来,梅兰芳也渐渐不再天天按时回家,他还有一房知冷知暖的妻房。福芝芳可比她孟小冬有趣的多罢,她虽然身无所长,但明眸善睐,对梅兰芳也体贴入微,懂得投其所好,而且,梅兰芳和福芝芳在一起,怕是不会有什么心理压力,在心理上可以完全地高高在上罢。

男人,都是喜新厌旧的,可厌旧似乎也有一定时限,到了时限,眼前的新的也变成了旧的了。既然都是旧的,便分不出好坏了,那原本旧的,细细想想,也总有值得留恋的好处,又因冷落了些时候了,有点陌生了,因这点陌生,那旧的似乎也有些新意了,于是,男人便念起旧来,冷落了眼前的不再新的新人,去找旧相好温存去了。

人之常情,原不必大惊小怪,只是她不谙世事,事到临头,她有些迷茫。每个他不回家的夜晚,孟小冬就独自守着空荡的屋子,听自己心跳的声音,一声声,沉闷而寂寥,似院墙上渐渐干涸的叶子,曾经蓬勃的生命不堪岁月的等待而渐至凋零。

当初为什么要嫁给他呢?

他有的才华,她不输一二;他的自尊自傲,要以牺牲她的事业来成全;他对她亦不能全心全意,即使他们在一起,偶尔提及福芝芳,他也有意无意强调福芝芳才是正房……

终是明白,原来门当户对、志同道合根本成全不了幸福。

只是,这样的懂得,来得太迟,她的一个梦,就这样被钝刀一样的现实生生割裂了。孟小冬无法安眠,这样冷寂的夜晚,是怎样让她从一个欢喜的新嫁娘迅速变成一个闺中怨妇的？她对这样的改变充满惶恐和不安,而他人在哪里？他不知道她的隐忍和委屈么,不知道她的惶恐和不安么？不,他一定是知道的,只是此时,他已经不再如婚前般在意她的愿受,更不愿为她的多愁善感而改变。

绵长而幽深的忧郁就这样,如北平冬季阴霾的云朵,层层笼罩上来,让人透不过气来。孟小冬仍然忍着,她对自己说,或者,婚姻都是这样的,慢慢由热烈趋于平淡,原不能指望总如婚前那般情浓。

世事难料,本来,孟小冬以为只要她委曲求全,这日子还是过得下去的。可惜,树欲静而风不止,这天,发生了一件惊天动地的事。

转眼到了 9 月,院墙上的那些藤萝黄了绿了,又在秋风中渐转枯黄。

那天,屋子里少见的热闹,梅兰芳的几个朋友在家中小聚,言谈甚欢,孟小冬坐在其中,似津津有味地听着,可他们聊的事情,对于隐居家中数月之久的她,似天书般遥远虚妄了,她听得心不在焉,目光不经意地瞟去院墙上那些藤萝,看它们在 9 月的艳阳下,拼尽最后的力气刺眼地绿着……

正在这时,有人敲门。佣人便跑去开门看,一看之下,佣人神色仓皇,急火火地关了门跑进屋里禀告,说有个 20 岁左右的大学生态度蛮横地堵在门口儿,扬言要找梅兰芳算账。

佣人话音刚落,朋友中有个叫张汉举的人便气忿地拍案而起,什么黄毛小子竟然找个门来嚣张,实在可恨,张汉举气势汹汹地冲出门去,想好好教训一下那个胆大妄为的大学生。

屋子里的人也都好奇和气愤,都站起来走到院子里去看,就见张汉举刚打开门,那大学生冷不丁从口袋里掏出一把枪来,直接指上了张汉举的额头,阴戾地威胁道:"叫梅兰芳来见我！"

众人全都被吓住了,梅兰芳更是冷汗淋淋,悄然退回屋里。恐慌之余,梅兰芳百思不得其解,他平时尽心尽力唱戏,实在想不出在哪里得罪了这个瘟神,他怎么就拿着枪找上门来了呢?

张汉举一看情势不好,慌张间,反手关了门,急忙往回跑,门外的大学生一看,如火上浇油般越发不淡定了。

张汉举还没跑几步,先前禀告的佣人鬼使神差去开了门,告诉那个大学生说:"梅先生不在家,你改日再来吧。"说完就要关门。

哪知,那个大学生一听就火冒三丈,冲进门来,从后面一把勒紧了张汉举的脖子,用枪指着众人叫嚣:"叫梅兰芳出来见我,叫他赔给我5万!他娶了我心爱的女人孟小冬,他得补偿我!叫梅兰芳出来!"

众人一听,总算明白了,这个大学生是因为孟小冬来找梅兰芳麻烦来了。可是,这大学生到底和孟小冬是什么关系呢?超级粉丝?可是怎么听他的话,似乎两个人暗度陈仓,有什么见不得人的事呢?

众人面面相觑,每个人的脸上都露出猜疑,再看向孟小冬的目光,就多了许多内容。

这些人的目光让孟小冬感受如芒刺在背,她百口莫辩,站在那里愕然地看着那个歇斯底里的大学生,她根本不认识他呀,可是,她说了,谁信?

"快!叫梅兰芳出来!不然我杀了他!"大学生用枪顶着张汉举的太阳穴,脸红脖子粗地吼。

所有的人都慌了神儿,惊叫四散,梅兰芳躲在家里看着这一切,把所以的怨气都推到了孟小冬的身上,要不是她到处招摇,怎么会引来这样的事?差点儿害了他的命!

有人趁乱跑进屋里打电话报警,有的人通知银行迅速提取5万元现款。

这期间,大学生的情绪一下高度紧张,他握枪的手不停地颤抖,随时会失控的样子,张汉举快被他勒得喘不上气儿了,豆粒般的汗水顺着额角不断地落下来。

一分一秒的对峙格外熬人,但银行的人总算送钱来了,同时涌进门的,还有军警。

那个大学生成功地拿到了钱,却不能全身而退,他仍然没有放开张汉举,而是彻底把他当做人质,用枪挟持着慢慢往后退。

退到门口,大学生往外一看,门外尽是全副武装的军警,他根本就插翅难飞!想到他很快就要死在乱枪之下,极度紧张的大学生心神大乱,惊惶之下,他的手指不听使唤地勾紧了,枪声响了,张汉举像一片落叶匍匐倒地,一命归西!与此同时,军警们一齐开火,大学生的身体顿时成了马蜂窝。

这惊心动魄的一幕让梅兰芳像做了一场噩梦,他擦着冷汗,魂不守舍地看着张汉举的尸体和血肉模糊的大学生,半天连话都不会说了。

这起枪杀事件突如其来,却不能速战速决,经调查,这个大学生名叫王惟琛,是孟小冬的铁杆无敌超级疯狂粉丝,因对孟小冬用情至深而走火入魔,才会离经叛道上演这么一出私闯民宅、敲诈勒索的大戏。

案子是破了,可人们的嘴巴是封不住的,一时间闲言碎语,阴风四起。孟小冬怎么也想不到,一个粉丝不可理喻的行为,会把深居简出的她推上风口浪尖,这件事怎么能怪她呢?她连那个人是谁都不知道!

孟小冬痛苦而无助,她多么希望丈夫梅兰芳能站出来为她主持公道,可笑的是,梅兰芳和所有的人一样,把罪过归咎在她的身上,他不但不出来为她说话,反而对她越发冷漠,躲去福芝芳那边,再也不肯来了。

真是岂有此理！被疯狗咬了，人们不骂疯狗，而骂被咬的人，还有没有天理了？孟小冬窝着一口闷气，都不知道找谁说去，她突然发现，从结婚到现在，不过短短八个月的时间，她和梅兰芳的爱便不复从前，变了味儿了。而她，为了换取婚姻幸福，曾那般一厢情愿地以为，只要她贤惠地待在家里，就能保住他终身的爱恋。

现在想想，与其幻想终生依靠男人，实在不如靠自己来得安稳。原来，靠人不如靠己，这个道理放之天下而皆准。既然，她委屈如此，也求不得两全，那她再这般窝囊下去，又有什么意义呢？

孟小冬保持缄默。外面再有怎样的蜚短流长，若不去理会，时间长了，自然也就烟消云散了，可梅兰芳对她的漠然所带来的刺心的伤痛，却是与日俱增，难以消除。可她仍然抱着一丝希望等他，希望他勇敢地回到她身边。

然而，朝朝暮暮地等待没有换来他的归影，反而是福芝芳的冷嘲热讽。她找人带话给孟小冬："大爷的命自然比什么都要紧。"

言下之意，就是说她孟小冬是个灾星，会带给梅兰芳厄运，梅兰芳不会再来了，相比生命，爱情轻如鸿毛，何况，梅兰芳与她孟小冬，怕也没有爱了。

孟小冬的心在等待中饱受煎熬，在日复一日的失望中冷却了所有的希望。他，即使是冠盖京华的大师，但作为男人，作为丈夫，他是个懦夫。

这样的男人，原不配她托付终身！

孟小冬心灰意冷，既然所托非人，既然他对她避而不见，那她就去找他，她又不会赖着他，她自有谋生的本领，她可以与他好聚好散。

可是，这时传来梅兰芳去美国访问的消息，而后，梅兰芳便去了美国，与孟小冬，他竟然不告而别！

都说是一日夫妻百日恩,就算匆忙,也不至于连说句话的时间都没有,他对她薄情至此,她竟然已经没了愤怒和怨怼,只是冷冷一笑,泰然处之。

世事弄人,她不过被幻想戏弄了一回,别人嘴里的圆满难以成全自己的圆满,而自己的圆满得靠自己去失而复得。

她等他回来,既然爱已不在,她随时可以离开。等待的日子里,她再也不必愁肠百结,再也不必迷惘难过,她在家里对着镜子反复练习从前的曲目,一遍遍温习,一遍遍修正,她也有自己的傲骨,不会因任何伤害而自暴自弃。

转眼,两年光阴如水而逝。

1930 年 8 月 5 日,梅兰芳从美国回来了,媒体轰动一时,在美国的圆满出演为梅兰芳赢得了前所未有的盛誉,梅兰芳的光彩一时无二。

再多的热闹,也是别人的了。孟小冬也为梅兰芳高兴,但那样的高兴,只限于同道中人间的欣喜,完全不是夫妻间荣辱与共的愉悦。她知道,若不是为了婚姻而封藏了自己的才华,她自己何尝不能唱响中国、唱红美国?

她也有梦,总有一天,她会让自己梦想成真。拥有幸福的爱与婚姻,拥有巅峰的事业!

彼时,孟小冬已经决意离开梅兰芳了,可是,心中到底有一丝惦念,希望他能来看她,与她重修旧好,毕竟,任何女人都不想轻易结束一段婚姻。

他没有来。

听说是他的母亲去世了,家中上下老小忙着办丧事。

既然这样,孟小冬也不好责怪他,家里出了事,他哪有心思儿女情长?而且,她知道,家里办丧事,她也不好袖手旁观,梅兰芳的妻房都应该披麻戴孝守在灵堂,接待前来吊唁的宾客,她现在还没有离开梅兰芳,自然应该谨遵孝道。

孟小冬权衡左右,还是识大体地主动去梅府尽职尽责,可令她没想到的是,福芝芳早就交待下人守在门外,连门儿都没让她进!

若不是梅兰芳首肯,福芝芳断然不敢这样做的!梅兰芳真要与她绝情绝意了!孟小冬一句都没有争辩,转身的那一瞬间,她听到自己心碎的声音,如冬天怒放的红梅,在风雪中四散了艳丽的心瓣,化作一地血色……

回途中,心绪沉重而繁乱地走着,道边烟柳重重,落影无数,摇曳着似曾相识的旧日风景。

那一年,那一天,1926 年的 8 月 28 日吧,他们发布了嫁娶的消息,携手相约,生世相爱,转眼四年,又是 8 月,她和他却已经走到了尽头,再也没有相爱的理由。

恍惚中,那个男子,被一群人簇拥着,如临风玉树,如海上明月,定定地看着她,眉梢眼底都是柔情。人生若只如初见,何事秋风悲画扇?

在台上,她唱:

> 好人家来歹人家,不该斜插这海棠花。扭扭捏捏、捏捏
> 扭扭十分俊雅,风流就在这朵海棠花。

他唱:

> 我这里将花丢地下,从今不戴这朵海棠花……

思忆纷繁,落英无数,她蓦然站定,愣怔在一片柳荫里,泪湿了眼角。

曾经的约定

　　他大她 13 岁,且有两房妻妾,她不在乎!多少名门公子,为她神魂颠倒,她不旁顾!她当时也已唱响京师,正是前途似锦、登峰造极之时,她却宁愿为她而将如日中天的事业戛然而止!

　　她不是没有倾心爱他,不是没有为他孤注一掷,可到头来,他因一个可笑的理由冷落她、羞辱她,拒她于门外,形同陌路!

　　她仰头长久地吸气、凝望天空,不让眼泪落下来,她攥紧了十指,攥住的尽是绵密的哀愁与无尽的屈辱。她,孟小冬,拥有绝代风华、旷世奇才,何至于此?

　　既然,她于他,什么也不是了,那她也与他就此恩断义绝!

　　这一生,她发誓,再也不允许任何人给她这样的轻慢和羞辱!

　　女人当自强!别人不爱你,但自己一定要爱自己。如果一个男人已经舍得让你伤心,说明他已经不值得你再爱,绝然离开,是最明智的选择。

梅兰芳办完家母的丧事，又过了许久，某天，他突然想起孟小冬来了。又听下人说，奔丧那天，她素颜孝衣的来过，被挡在门外没进得了门，心下多少有些歉疚，毕竟孟小冬也着实没什么错处。

那次的受惊，细细想想，也的确不能全怪孟小冬。

这么一想，梅兰芳就抽空去找孟小冬，见了，又拉不下面子道歉，讪讪的，十分冷场，孟小冬却早已不耐，早知今日，何必当初。她站起身来，对他说最后的话：

今后我唱戏，不会比你差，此生要么不嫁，再嫁，也嫁个跺脚乱颤的！

听了孟小冬的话，梅兰芳愕然，她这是要做什么？看来，他是真伤着她了，该怎么弥补呢？他惆怅、不安地离开了，等他再次鼓起勇气找上门时，发现他们新婚的偏房已经蛛丝密结，人去楼空了。

她走了，不辞而别，以最决绝的方式，跟他划清了界限！

拥有的时候，总是不知道珍惜，失去了，才觉得自己曾经做得过分。伤着她了，梅兰芳有些懊悔，碍于面子，却又不敢大张旗鼓地找她，只当什么也没发生，心想，她出去散散心，气消了，也便会回来的吧。

可是，她终是一去不返，他找人明察暗访，得知她南下去了上海，他正犹豫要不要去上海找她，她却聘请了律师来找他了。

4万元生活费，离婚！梅兰芳接到律师递来的协议书，不是不心惊，他似乎这才惊觉，他的沉默、他的冷漠、他的自私和怯懦，让他痛失了她，这一生，再也不能挽回她的爱！他想拒绝签字，律师却告诉他,这协议,是由上海大亨杜月笙帮孟小冬拟订的。

杜月笙其人,梅兰芳是知道的,他是个从小瘪三混进上海滩十里洋场的黑帮老大,他文质彬彬,却心狠手辣,狡猾奸诈杀人如麻,他游刃于红道、黑道、商界、政界,亦正亦邪,势力庞大,不是谁都惹得起的。

事已至此,别无选择,梅兰芳在协议上签了字,从此,他与孟小冬再无瓜葛。

怅然若失中,梅兰芳回到了梅府,路过那一处偏房,他惊见那满墙的藤萝正染尽苍黄,轰轰烈烈地萎谢着。他在那里驻足良久,终是只能一声叹息,永远痛失了她的温柔……

1931年杜家祠堂落成,财权并重的杜月笙遍请南北名伶,梅兰芳也在应邀之列。他想,孟小冬也会到场吧,若是可以同台合作,借戏文沟通一下,总比这样形同水火地僵持着好,可是,孟小冬再也不肯给他机会,因他到场,孟小冬避而不出。

一刀两断了,就没必要再逢场作戏了,她向来是爱憎分明的人,原不会对不相干的人委意奉迎。

获得自由的孟小冬不再爱笑,变得冷漠而神秘。两年后,她再回来天津,只为了结和梅兰芳最后的牵绊。毕竟,协议离婚不是人尽皆知,还有好些小报记者终日聒噪不休,猜东测西,而他是好面子的人,总不肯出来澄清事实,那就由她来做好了。

于是,孟小冬在1933年9月5日至6月7日的天津《大公报》第一版上,连续近一年时间刊登了《孟小冬紧要启事》,广而告之于天下:

　　启者:

　　冬自幼飞艺,谨守家规,虽未读书,略闻礼教。荡检之行，素所不齿。迩来蜚语流传，诽谤横生，甚至有为冬所不堪忍受者。兹为社会明了真相起见，爱将冬之身世，略陈梗概，惟海内贤达鉴之。

……忽忽十年，正事修养。旋经人介绍，与梅兰芳结婚。冬当时年岁幼稚，世故不熟，一切皆听介绍人主持。名定兼祧，尽人皆知。乃兰芳含糊其事，于祧母去世之日，不能实践前言，致名分顿失保障。虽经友人劝导，本人辩论，兰芳概置不理，足见毫无情义可言。

冬自叹身世苦恼，复遭打击，遂毅然与兰芳脱离家庭关系。是我负人？抑人负我？世间自有公论，不待冬之赘言。

……冬与兰芳结婚前，从未与任何人交际往来。凡走一地，先严亲自督率照料。冬秉承父训，重视人格，耿耿此怀惟天可鉴……

自声明后，如有有意毁坏本人名誉、妄造是非、淆惑视听者，冬惟有诉之法律之一途。勿谓冬之孤弱女子，遂自甘放弃人权也。

特此声明。

这则启事，言简意赅，让一直饱受诋毁的孟小冬洗却了污浊。梅兰芳见了，知道是自己错怪了孟小冬，想找个机会与孟小冬尽释前嫌，可孟小冬却是再也不见了。

自此，天涯陌路，爱尽恨尽，恩断义绝两相忘！

在爱情与婚姻中，女人更该有骨气！

真爱如金

　　与梅兰芳离婚后,孟小冬的情绪十分低落,远离红尘俗世,日日茹斋念佛,伤透的心需要静养,孤独的日子里,她形影相吊,面对青灯古佛,在尝试忘却爱恨情仇中努力平复伤痛,可那疼痛旷日持久,难以消散。

　　想就此远离红尘,永远避世而居,可时时的,孟小冬会想起那日,她被拒于梅府时,下人都对她盛气凌人的耻辱,而她曾对他说过的那句话时时萦绕耳际:"今后我唱戏,不会比你差,此生要么不嫁,再嫁,也嫁个跺脚乱颤的!"激荡着因爱而死寂的心,她决定从头再来,重新拜师学艺。

　　在孟小冬隐退后的一段时间里,在她思量着下一步该求拜哪些师傅,自己在表演技艺上还有哪些地方需要改进的时候,上海滩的舆论却从来没有消停过,一些小报记者仍然不断地制造各种无稽之谈,时时给孟小冬带来烦扰。

　　这些烦扰让孟小冬对复出顾虑重重,她不知道自己受伤的心还能承受多少,她这孤身弱女如水中浮萍,再入名利场,她不知道自己是否有足够的力量去应对生活的狂风骤雨。

　　孟小冬正彷徨时,邮差送来一封信,是杜月笙的,他曾帮她主持公道,替她向梅兰芳要过分手费。说起来,她和他也算是老相识了,早年她初到上海演出时,他就来捧过场,而后一直君子之交淡如水地联系着,每每她有困难,他总能及时地伸出援手,他长她21岁,待她一如谦和友爱的兄长。

　　在这悲凉的尘世,令她感到温暖的人那么少,而他,是其中之一。

　　他的来信很短,寥寥数语,安慰她不必伤心,激励她重新振作,他提议她去拜师傅精进演艺,说有他在,不会再让她受委屈。

中年孟小冬

孟小冬看着信,冰天雪地的心一点点暖起来,他的提议与她的打算不谋而合,而他最后的一句话,让她突然有了主心骨。她是知道的,他的确是个"跺脚乱颤"的人,说到的,就一定会做到,绝不会随意承诺。

孟小冬便不再消沉,她先后拜访天下名师,极力精进技艺,陈彦衡、孙佐臣、王君直、徐兰沅等,她都虚心求教,刻苦学习,技艺大进。

随后,孟小冬自己组班,一边在东安市场吉祥戏院等地演出,一边仍然坚持学习。学无止境,当取百家之长,成一己之技,她又跟着余叔岩的琴师李佩卿学习余派戏,为了学得精粹,她前去求拜余派当家人余叔岩。

余叔岩不轻易收徒弟,孟小冬第一次拜师吃了闭门羹,但她不气馁,仍然求拜。余叔岩婉拒:"小冬女性,教戏时免不了扶臂搀手等等,小冬曾婚兰芳,我与兰芳关系密切,类此诸多不便。"孟小冬听了,丝毫不为所动,态度更加坚定地求拜。余叔岩被她感动了,倾心相授。

孟瑶的《中国戏曲史》中论述到孟小冬时,曾有这样的评价:

> 孟小冬自拜叔岩,则每日必至余家用功,寒暑无间。前后五年,学了数十出戏,是余派唯一得到衣钵真传的人……

孟小冬是个虚怀若谷、锲而不舍的人,作为女子,她有难能可贵的骨气与傲气,她在梅兰芳那里得了个教训,知道靠男人是最不保险的事,靠自己才是王道,所以,她再次的奋起,裹着一团豁出命去的狠劲儿,非要有始有终,学有所成。

五年持之以恒地学习研究,让本是声名在外的孟小冬技艺精进,尽得余叔岩的真传。之后,她的各地的每一场演出,场场座无虚席。

有一个观众最是热心,几乎每场必到,他不多话,看完就走,她若有什么需求,不用说,他也总能想到送到,这个观众,就是杜月笙。

本来,以杜月笙的财势权位,直接给孟小冬提供优越的条件,让她养尊处优的生活是轻而易举的事,他也有心让她安闲享乐,可他从没有这样冒昧地提及,他懂她,她有自己的光彩,有自己的自尊,更有自己的傲骨,这也正是她超凡脱俗的所在。他呵护着她的心意,愿意这样远远近近地看着她,分享她的成功和喜悦。

她也渐渐习惯了他的存在,每每在台上回眸,他坐在观众席间,神色悠然,陶醉时眯着眼睛随她轻吟浅唱,或是打着拍子呷着茶水,她的心便微微地甜润着,一片宁和。

以后的日子就这样忙忙碌碌地过着,她唱,他听,偶尔他有事不来,她便觉索然无趣,面上却不动声色,努力集中了精神唱出彩儿来,但她心里是知道的,她在意着他。

时间就这般行云流水地逝去,不管谁是谁非,亦不管人间冷暖,孟小冬的生活,仍然在舞台与现实间轮换。每当锣鼓喧闹、喝彩声连连之时,身着戏装唱念做打的孟小冬就会暂时地忘掉自己,将自己的灵魂融入每个角色,演绎精彩的历史故事,生命华美如悬浮在夜空中的烟花,万众瞩目,光华璀璨;而当谢幕之后,重回琐碎的现实,疲惫地她卸下盛装,洗尽铅华,静坐在那里看着镜中自己不再青春的容颜,那潜藏在内心深处的孤寂便时时袭上来,让她莫名惶惑。

这时,孟小冬会想,她是要这么唱一辈子么? 还是顺了他的意愿,做他身边敛眉浅笑的女子,从此不必为衣食住行所累,只管轻闲地享受他给的宠爱?

可那样的宠爱,会持续多久? 会不会如梅兰芳给的那般,来时猝然,去时匆匆?

失过爱,受过伤的女子,一朝被蛇咬,十年怕井绳,对再来的宠溺,她不会不有所忌惮。那种被人举上天,又狠狠摔下来,因毫无防备而被摔到粉身碎骨、遍体鳞伤,那样的痛是刻骨铭心的,她不能忘,不敢忘。

就这么拖着吧,也许因为距离,她一直能这般安全地拥有他的关爱,即使哪天他抽身而去,她也进退有度,不至于伤筋动骨。

她的小心思,杜月笙是知道的,她没有安全感,他心疼,可他也不愿意强迫她,只要是她想做的事,他都愿意成全她,只要是她想要的东西,他都倾尽全力满足她。

可是,即使他愿意这般宽博地宠着她,年龄和身体却敌不过时间的闪逝,他不知不觉过了壮年,又过了不惑奔去花甲之年了。他等不起了。

此时,已是 1947 年 8 月了,又是 8 月,似水流年又绿了上海街头

巷尾的垂杨。他已不能似从前那般体格健壮,说去哪里就虎气风生
地去,他渐渐老去了,她也不再年轻,他希望他们在以后的日子里,能
分秒珍惜地相依相守。他满怀期待给她去了封信,本是想让她到身
边,让他每天都可以看到她,可临到下笔,只说他过六十大寿,叫她来
上海参加义演给他贺寿。

　　孟小冬收到了信,六十大寿,他已经 60 岁了。

　　这许多年里,他就那么贴心贴意地保持着让她感到安全的距离,
关爱着她,鼓励着她,从来没给她施加一点点压力,她的所愿所想,他
都明察秋毫。因为有他在,她所到之处,没有任何人敢小觑于她!

　　女人再强大,终究还是要有个依靠的。

　　孟小冬收拾了行囊,南下上海,她要去见他,为他唱戏贺寿。

　　梅兰芳也在。

　　梅兰芳的戏唱得极好了,有意与孟小冬同台,孟小冬避而不见,
他唱他的,她唱她的,井水不犯河水。她的心里,他已经无足轻重,她
现在有在意的人,那个在她最灰暗的日子里,默默地陪着她,给她帮
助和鼓励的男人杜月笙。

　　梅兰芳演出了八天,孟小冬只唱了两场。《搜孤救孤》,她的拿手
好戏。她使尽浑身解数为杜月笙倾情出演,每个唱腔都让人回味无
穷,每个神态都恰到好处,每个动作都自然唯美,她的演出已经出神
入化,即使是梅兰芳,也被深深震撼了。

　　演出时,场场爆满,台下满坑满谷,即使中舞台两侧也全是来观
摩的南北名角,整个戏场水泄不通,而孟小冬的眉梢眼底,却只有他
杜月笙一人。这两场戏,她是特意为他唱的,若不然,有梅兰芳在的
地方,她断然不想出现……

　　新欢旧爱同聚一堂,原本就是件极尴尬的事。

　　也许梅兰芳对孟小冬一直心怀愧疚,也许是为她今日的成就所

折服,孟小冬演了两场戏,他在家闭门不出,专心听了孟小冬的电台转播,神色肃静,如僧入定。没人知道此时梅兰芳心里到底想什么,外面的揣测却变成谣言传来了,说是梅兰芳与孟小冬将要和好了,这次的重逢,将是他们再续前缘的开始。

无稽之谈!若对一个人死了心,再要与他谈情说爱,不是痴人说梦么?她这次的出场,是她演艺生涯中最后一场华丽的谢幕,她为她心中感激的、默爱的杜月笙而倾情一演,与梅兰芳,已是半点关系也没有了的。

义演结束,孟小冬决然离开了上海,用最孤傲的身影,封住悠悠众口,什么复合,什么再续前缘,怎么可能?

孟小冬的离开,让杜月笙万般不舍,她美好的倩影,终日在他心头脑际浮现,他找人去寻她,却遍寻不见。苦寻很久,才知她在北平,似前时刚离婚后那段时间,藏身匿迹,淡泊隐居。

也许,她是想这样远离俗世,静好度日,他耐着性子仍然等她,给她送去财物,以免她劳累。

杜月笙是何等财大气粗,权势傲人,可在爱情面前,他就这般体贴入微、润物无声,无怨无悔地等待着。他尊重她,极力地呵护她,哪怕自己等得早已不耐,也不愿强她所难。真心爱一个人,是件辛苦的事,可他愿意辛苦地等,付出而不计回报。

他的爱,她明了,明了复感激,她冰冷的心被他一点点捂暖,终于暖透了,不想再强装倔强地硬挺。

是的,他们都已不再年轻,时间变得越来越紧缺,越来越宝贵,他们真的浪费不起。

就算是再受伤,她也认了。孟小冬终于放下所有的矜持和恐惧,决定去陪伴他了。可是,这一年年初,平津战役爆发,解放军势如破竹向平津推进,到处硝烟战场,兵荒马乱。不几天,北平就被围城,人心惶惶,可怕的谣言四起,孟小冬孤身一人,六神无主,想要南下,却连门儿也不敢出。

这时,杜月笙找人带着信来接她了。

他总是这样及时,只因他心心念念的人终是她。

孟小冬收拾了东西想随来人离开北平,没想到交通竟已阻隔,杜月笙闻讯,动用专机去接,让她再次脱离险境。到了上海,杜月笙没让她在外面住,而是直接把她领进杜公馆,告诉她,从此,这便是她的家,并告知下人,要尊她为主人,她的一切愿望,他也悉数应允,不肯让她受半点委屈。

他是整个上海滩的枭雄,在家里也是说一不二的主人,他说的话,没人敢忤逆,她在他的家里,真正得到主人般的尊重,而他,似乎以来不及的爱在宠着她,终日花尽心思讨她欢欣,只怕她有一点一滴不悦。

孟小冬不是不知感恩的人,经历了这么长久的人间冷暖,她知道眼前的男人,是用心爱她的。

回想从前,梅兰芳娶了她,许诺的话却少有兑现,她在梅家,得不到应有的尊重,她在梅兰芳那里,也没有得到全心全意的爱。这些,杜月笙却给了她,毫无保留地给她,用他自己的话说,他待她的心,"日月可鉴",她还有什么顾虑、有什么不满足的呢?

对杜月笙再次的示爱,孟小冬默许了,从此留在他身边,形影相随。

他爱了她这么久,也应该劳有所得。

他身边美女如云,多年来,他钟情的却只她一个,他愿意为她屈尊纡贵,她亦愿意为他洗尽铅华。他对她的爱,是发自内心的疼爱,诚惶诚恐地无微不至,她寻了大半生,终于放心地把自己的余生托付给他。

孟小冬名花有主的消息一经传来,名门士子们多有嗟叹,其中集收藏鉴赏家、书画家、诗词学家、京剧艺术研究家于一身的文化奇人,与张学良、溥侗、袁克文并称"民国四公子"的张伯驹对此深表惋惜,赋诗道:

> 梨园应是女中贤,余派声腕亦可传,
> 地狱天堂都一梦,烟霞窑里送芳年。

别人怎么说都不要紧,幸不幸福是自己的事,毕竟在她最困难的时候,所有说风凉话的人都不及默默付出真情的杜月笙来得贴心。他们置身事外,说三道四凭的不过是嘴上的一时痛快和自以为是的俗见,她却是摸着良心一点点体会出来的。

她和杜月笙,爱的都是彼此的人。她身有所长,衣食无忧,唱戏所得足够她一生自给自足、养尊处优,她不必图谋他的钱财,亦不必刻意讨他喜欢,反倒是她的心思不说他也全都知道;他是上海滩的枭雄,阅人无数,却唯独喜欢她的纯净、倔强、勤奋与傲气,至于她的美貌,并非是他所见过的美人中最美的,而她的才气,确确实实是屈指一数的。情人眼中出西施,因她的这些可贵,她便美到极致,她在他心中,完美如玉,无人能比。

孟小冬进了杜家后,便随杜月笙去了香港,以避开上海时局动荡的纷扰。可到了香港不久,杜月笙便病倒了。

孟小冬对杜月笙悉心照料,一如他曾对她那般无微不至。杜月笙愧于孟小冬给予他太多,杜月笙急于补偿,他对孟小冬更加宠爱,平时对她说话总是细声细气,但凡她想买什么,想吃什么,他便忙不迭地命人去办。

孟小冬与杜月笙的结婚照

在孟小冬53岁寿辰前夕,杜月笙想移居法国,为了能让孟小冬有个名分,他挣扎着从床上爬起来,吩咐下人筹备隆重的婚礼,要最奢华的仪仗,要最好的酒席,遍请嘉宾,广告天下,他要明媒正娶孟小冬,她是他这一生中最重要、最疼爱的五太太。

这样的隆重,来得晚了些,但终究还是等来了。前时,和梅兰芳结婚,也就那么云淡风轻地办了婚宴,原是想梅兰芳不喜张扬,如今想,在男人心中有分量的女子,男人才舍得为她奢华。

佳期如梦,张灯结彩,宾朋满座,来的都是有头有脸的人物,楼下楼上的大厅熙熙攘攘一团,热闹非凡。孟小冬很高兴,她看着久病缠身今天却神采奕奕的杜月笙,心里涌动的暖流让她悄然泪湿了眼角……

一年后,杜月笙病逝。病逝前,却记挂着她的余生,悄悄把为她准备的钱票塞给她。她接在手里,已经泣不成声,这世上最爱她的,

晚年孟小冬

她也最爱的人,即将与她死别,而她多么后悔,错过了那么多流年,荒废了那么多爱,和他相守相依的时间那么短暂……

　　若是爱,一定要及时说出来,及时相守,及时相依,因为,真爱如金,弥足珍贵,稍纵即逝,而岁月不等人,岁月亦不饶人。

　　孟小冬,一个倾尽一生在京剧艺术的领域中精益求精的表演大家,一个历尽人情冷暖并矢志不渝的倔强女子,她的美丽与骄傲那般卓而不群,她的才华与勤奋是那般惊世骇俗,她的爱情与婚姻之路起伏跌宕——受了伤,就绝然转身,傲骨峥峥,绝不做爱情的乞儿;承受爱,就倾情相付,两情相悦,绝不做爱情的逃兵。敢爱敢恨,敢做敢当,至情至性,真淳如璞玉,任光阴荏苒,仍然光韵流转。

　　杜月笙死后,孟小冬独居香港,深居简出,洁身自好,再也没有嫁人,也再没有登台唱戏。

　　她的余生,因他的离去而沉寂,那些千娇百媚、气势恢宏的戏剧也黯然地成为记忆中的一道风景,随着时光的流逝而定格成海市蜃楼般的浮生……

男子
<small>爱</small>　　女子爱前夫
后妇，

电影皇后
胡　蝶

蝴蝶破茧

　　胡蝶,民国时期上海滩电影皇后,凭着姣好的容貌和出色的表演才华,和阮玲玉一样扬名天下,更因一段特殊的情感经历而成为后世关注的焦点。

　　幼时的胡蝶,和每个平凡的女孩子一样,在茫茫人海中辗转求生,那时,她叫胡瑞华,跟着在京奉铁路任总稽查的父亲先后奔波在天津、营口、北京等地,在动荡的时局中寻找安憩之所。

　　1924 年,胡蝶跟随家人回到上海,进入上海中华电影学校训练班,学习电影表演艺术。那时的胡蝶,已不再是青涩未开的小女孩,而是时年 17 的妙龄少女,早年随父奔波的劳苦过早地磨练了她的心志,她比同龄的女孩更能吃苦,学习得更加认真,但那时,同班多有才色双馨的女孩,胡蝶混在其中,实在不是特别出众,谁也不会想到,她会有日后的辉煌。

　　命运似乎总是喜欢垂青沉默而执著的人,胡蝶虽然学的是电影表演,但她性格素静,不擅言笑,大多时候,她都很安静。这样的她,在一片似锦繁花似的女孩当中,显然难以引人注意,掌声和赞美总与她无缘,她不事张扬,默默地在人们的忽略中,怀着自己的梦想成长、学习,一如藏在茧中等待化蛹成蝶,经历着旷日持久的冷寂、孤独与日新月异的蜕变。

　　时间似神奇的魔术师,在胡蝶身上悄然进行着鬼斧神工的雕琢,随着胡蝶才艺的精进,她由一个身材瘦削平板、面色蜡黄平庸的女孩,长成一个窈窕动人、皮肤白皙、眉目如画的女子,就如花蕾经历了漫长的孕育,终于等到了开放的时节,便轰轰烈烈地瓣颤花开、吐蕊流芳那般,令人惊异地绽放出迷人的华彩。

　　她有细长入鬓如远山含黛的柳眉,有风情无限溢荡着潋滟水光的凤目,琼鼻贝齿,笑颊粲然,更有那深深浅浅的一对酒窝,装点着她美轮美奂的脸庞,清纯中带着点顽皮,让人一见难忘。

上天的眷顾让胡蝶脱落成貌美惊人的少女,她自身的刻苦勤奋塑造了她出类拔萃的气质,而她的表演自然、贴切、浑然天成,很快,她在同学中崭露头角,小有名气,并得到多家影视公司的青睐。

才色皆备,生活便变得风生水起、前途坦荡锦秀。结业后,胡蝶先后参加了多部电影的拍摄,友联、天一等当时上海一流的影视公司相继约她出演,她如鱼得水、游刃有余,在摄影机前尽情挥洒傲人的才艺,迅速成名。

这时的胡蝶,已经从一个名不见经传的小女孩成为家喻户晓的明星,像一只脱茧而出的蝴蝶,在电影表演艺术的领域中翩翩起舞,任由东西。她勤奋,锲而不舍地追求着表演艺术的精进,她谦虚,从不为取得的成就沾沾自喜,她的生命因此而大放异彩,吸引了众多的爱慕者寻芳而来,其中不乏权高位重的人,可是,她不喜欢的人,她从来不去迎合,她忠实于自己的内心,但求一心人,白首不相离。

那一天,照常在友联公司拍摄《秋扇怨》,胡蝶饰演女主角沈丽琼。她扮演一个因丈夫劈腿而被驱逐,绝望之中投河自杀,却被表弟吴毅和陈氏兄妹救起的女人。她深爱着自己的丈夫许玉辉,却遭到好色的丈夫一次又一次的背叛和伤害,最终,她忍无可忍,亲手将丈夫许玉辉送进了监狱。这部影片中,她是个悲剧角色,深情而悲壮,而饰演男主的演员名字叫林雪怀,一表人才,气质出众。他把一个道貌岸然、心理阴暗的许玉辉演得绝妙,让胡蝶完全投入悲情的片段中,久久无法自拔,这让胡蝶不由对林雪怀刮目相看。

爱慕常常由认同和敬佩而来,戏里戏外,胡蝶与林雪怀朝暮相处,渐生爱慕,而休息的间隙,林雪怀对胡蝶关怀备至,完全不似戏中那个冷颜冷色、对妻子妄加伤害的版本。他的温文尔雅,他的风度翩

《啼笑姻缘》剧照

翩,他的柔声软语,他的无微不至,给胡蝶织就了幸福的玫瑰梦。

渐渐地,随着剧情的深入,胡蝶完全沉迷其中,为与男主的分分合合而悲喜交加,她的眼泪再不是为表演而流,她的欢笑也不再是单纯的表演,她的所有情欲都随着那个男人的举动而被真正地激发牵扯。每出戏收场,她都沉浸在剧情中,为林雪怀的冷落、欺骗而伤心难过、抑郁不已,而这时,从戏中走出来的林雪怀,以加倍的柔情去开解她、安抚她,她便有噩梦乍醒般的喜悦,任他拥着她,附耳说贴心的情话。

梦里梦外,戏里人生,胡蝶渐渐迷失在林雪怀的殷勤中。那时,她对未来充满美好的憧憬,他是这样出色的演员,和她一样酷爱表演艺术,他们有共同语言,有共同的理想,又这般倾心相爱,以后的日子就是在相依相伴、志同道合中比翼双飞,共同攀登表演艺术的高峰,再组成家庭,生儿育女,一家人其乐融融,多好呀……

怀着这样的梦想,胡蝶与林雪怀的感情与日俱增,《秋扇怨》拍摄完毕,两个人已经如胶似漆,谈婚论嫁便提上了议事日程。两人商定于 1927 年 3 月 22 日举行隆重的订婚仪式。

　　订婚，是结婚前盛大的公告仪式，订立婚书、交换礼物、宴请宾朋、广而告之，胡蝶和林雪怀郑重其事，相拥相携接受众多亲友的祝福。当她提着长长的裙裾，婷婷袅袅地周旋在宾客间巧笑嫣然时，偶尔回眸看一眼身边的俏郎君，幸福溢满心田，由眉梢眼底流露，那时的她，一点都不怀疑，自己将会和这个叫林雪怀的男人携手到老。

　　事业有成，爱情得意，胡蝶感觉自己的人生充满阳光，她并没有因为爱情而荒废演艺，而是以更加热情、饱满的精神投入到各个影片的表演中。

　　1928 年，胡蝶加入明星影片公司，主演了《啼笑姻缘》等多部影片，表演艺术日臻成熟，她饰演过娘姨、慈母、女教师、舞女、娼妓、阔小姐和工厂劳动女工等多种角色，几乎涵盖了社会各个领域中的妇女形象，却无不自然贴切，动人心弦。在表演中，她时而深沉内敛、隐忍坚强，时而颐指气使、骄纵乖张，时而温柔似水、千娇百媚，时而素色雅逸、举止端庄……她如舞台上的百变精灵，让一部部影片活色生香。

　　可这段时间，林雪怀的事业发展得很不顺利，他不是个用功的人，对演戏也没有发自心底的热爱，出演了几次电影也都反响平平，好端端一个角度被他演得僵化雷同，而他又不肯听导演的意见，总喜欢自作主张。这样一来，林雪怀的戏约越来越少，终于到了无人问津的地步。

　　一边，胡蝶在事业上如日中天、得心应手；一边，林雪怀日趋没落、事业惨淡。天差地别的境况迅速拉开了两个人之间的距离，而林雪怀只知道怨天尤人，却不肯寻找自身原因，事情终是一落千丈，再也无法与胡蝶并驾齐驱。

　　面对终日落魄的林雪怀，胡蝶并没有厌弃他，而是软语相劝，为他在四川路上开了一家百货商店,并以她的名字命名,借以提高百货商店的人气。可林雪怀根本不是经商的料,他三天打渔两天晒网,账表一塌糊涂,货物卖出去的钱,被他挥霍一空,渐渐有出无进,把本钱都搭进去了。

谁都会遇到挫折,但面对挫折的态度,往往决定了一个人的品性和人生高度。胡蝶不计较林雪怀在演艺事业上不得志,却不能对他不思进取、胡作非为、自暴自弃的做法给予宽纵,一个没有事业心、不负责任的男人是不值得托付终身的。

千挑万选,终是错了。

胡蝶对林雪怀备感失望,却仍然心存侥幸,想帮助他重新振作。可林雪怀根本不领情,只想靠着胡蝶的名气苟活于世,他越来越不像话了,赌博、嫖妓,醉生梦死。胡蝶再也无法容忍,她对林雪怀渐渐冷淡,她可以帮助他,但不可以陪他一起堕落,爱情,不能成为他寄生于她的借口!

对于胡蝶的冷落,林雪怀仍然不思悔悟,变本加厉地向胡蝶讨要寻欢作乐的钱资,他变得恬不知耻,一如当初《秋扇怨》中的男主角,干着伤天害理的坏事却理直气壮。

胡蝶伤心难过之余,尽量避免与林雪怀碰面,她把全部的精力都投入到演戏中。1933 年,她在有声片《姐妹花》中兼饰一对性格迥异的孪生姐妹大宝、二宝,把两个身份悬殊的女人刻画得十分到位,让她创下了 20 世纪 30 年代国产影片最高上座率,表演艺术到达高峰,赢得了"电影皇后"的美名。

事业上突飞猛进,感情上却日落西山,胡蝶对纠缠不休的林雪怀越发失望、冷淡,她不堪忍受一个大男人终日靠女人养,更受不了他拿着她辛苦赚来的钱财胡作非为。而林雪怀把胡蝶的规劝当成耳边风,当成她想甩掉他的前兆,他蛮不讲理、得寸进尺,令胡蝶不堪其

《姐妹花》中扮演大宝、二宝

扰,终于拒不相见。

　　不相见,不代表不苦闷,林雪怀算是胡蝶的初恋,初恋时节,胡蝶也如任何一个普通女孩一样,对爱人充满期望并付出足够多的爱,可结果如此不尽人意。初恋的伤是深切而持久的,胡蝶对爱情感到迷茫,再有追求者,她都退避三舍。

　　可有一个人,却总是不远不近、不亢不卑地关怀着她,既不像别人那般求之若渴,也不像有些受了冷遇的人气急败坏,他就那般云淡风轻地呵护着她,在她苦闷的时候给她最贴心的慰藉。

　　他叫潘有声,让她觉得安靠的男人,和他在一起,很放松,她可以无所顾忌地倾吐她的悲喜。他一如温厚长者,默默倾听,力所能及地帮助她,从来不求回报。

　　不知不觉的,胡蝶发现自己对潘有声越来越依恋,她心烦的时候,习惯他在身边。

　　喜新厌旧,不是她的错。

　　女人从一而终并非在任何时候都是美德,如果看到所爱的人已经不值再爱,再去容忍、盲从,就是对自己的不负责任。愚蠢的忍让只会让自己陷入难堪的境地，绝然离开，是明智的选择。

胡蝶不是滥情的女人，她发现自己已经不爱林雪怀了，便毅然与林雪怀解除婚约，即使闹到满城风雨，上了法庭，她也绝不优柔寡断。

放弃一段情，才能开始新的人生，在爱情上，也应该懂得弃暗投明。

与林雪怀相比，潘有声事业心强，他把洋行的生意打理得井井有条，为人谦和持重、彬彬有礼，他看似不愠不火，做事却雷厉风行，当他对胡蝶表白爱慕之情时，胡蝶忧伤地说："有声，你是有家室的人，我们是不可能的了。"他决绝地握住她的手，信誓旦旦："为你，我可以舍弃一切。"

他说到便做到，回家与结发之妻离婚，毅然决然地抛妻弃女。

一个女人的快乐，似乎总会建立在另一个女人的痛苦之上，胡蝶爱上了有妇之夫并横刀夺爱，潘有声的痴情和决绝，到底值得赞赏，还是应该被责斥？他是言出必行，还是背信弃义？这真让人难以定夺。这世间的事，有时就是这般是非难辨。

暂且放下潘有声道德与爱情的矛盾，不管怎样，他抛妻弃女，兑现了对胡蝶的承诺。胡蝶自然感动涕零，非君不嫁了。

1935 年 11 月 23 日，胡蝶与潘有声举行了盛大的婚礼，正式结为夫妻。

婚后，两人的生活十分甜美，夫妻恩爱，家庭和睦，胡蝶的演艺事业也得到进一步发展。同年，胡蝶参加中国电影代表团出席莫斯科国际电影展览会，随团赴德、法等国电影界考察。作为中国影坛上第一位正式出国访问的女演员，胡蝶使尚不知晓中国已经有了自己电影的欧洲人，通过观看中国电影感受中国神秘的传统文化，她取得了巨大的成功。彼时，胡蝶已经是中国一线影星，在演艺界占有不可替

胡蝶与潘有声的结婚照

代的位置。

潘有声对胡蝶一如既往,在生活上,他照顾她疼爱她,在事业上,他支持她帮助她,她也如每个温柔的妻子,柔情相付,体贴入微,夫妻举案齐眉,琴瑟相合。

家庭幸福,事业有成,胡蝶终于拥有了梦想中的生活,她先后生下儿子和女儿,一家四口美满地生活在一起,羡煞旁人。

胡蝶,她真如一只破茧展翅的蝴蝶,经历了漫长的、曲折的事业、爱情之痛,变成一个主宰自己人生的女子,她的生活此时充满阳光和鸟语花香,她满足而快乐,以为可以这样,与潘有声相依相偎,合家团圆地度过一生。可是,天有不测风云,人有旦夕祸福,这世间的事,总需走一步说一步。

今天的圆满不代表明天不会残缺,现在的幸福不代表来日不会痛苦,世事难料,任谁也逃不过命运的迷域……

蝴蝶可以自由地飞翔多久？可以在天广地阔中欢舞几时？当她正春风得意的时候，一双焦渴的眼睛正盯着她，一双邪恶的黑手正悄然袭近，她被轻轻一扑，从此就失去了飞翔的自由，成为一个自私暴戾者独有的宠物。

很不幸，这样的情节在胡蝶身上真实上演了。

破茧成蝶的胡蝶，在经历了短暂的幸福生活后，命运因国难当头而逆转。那时的她，尚且懵懂不觉捕猎的网已向她张开……

情网恢恢

1937 年，震惊中外的卢沟桥事变爆发，日本开始了全面侵华战争，国内抗日战争全面爆发。这年 8 月，日军进攻上海。11 月，上海失守，陷入水深火热之中，时局动荡，朝不保夕，胡蝶夫妇携家人离开上海，到香港避难。

避难开始的两年里，胡蝶和潘有声的生活并没有受到太大影响，他们的积蓄足以让他们衣食无忧、从容度日，而当时潘有声在香港洋行工作，收入也十分可观，他们的生活一如从前般平静美好。可是，没想到，到了 1941 年，日本军队占据香港，他们平静的日子再度被扰乱了。

日军惨无人道的杀戮如黑色的风暴，袭击着原本美丽宁静的香港，几乎每天，都有日寇烧杀淫掠的血腥消息传来。其中，与胡蝶相熟的女演员梅琦小姐的遭遇让她不寒而栗：主演过《附马艳史》的梅琦小姐与"华南影帝"张瑛举行婚礼那天，正巧是英国人向日军投降的日子，残暴的日军当着新郎张瑛的面扒光了梅琦的婚纱，蹂躏了她……

胡蝶痛恨日军对中国的侵略,痛恨他们的残忍,痛恨他们毁了自己幸福的生活,她把满腔仇恨化成对日军的敌视,拒不购买日货。而日军占据香港后,一面对百姓大肆捕杀掳掠,一面又宣传"大东亚共荣圈"、"中日亲善"的欺骗舆论,对在港文化届人士实施怀柔政策。胡蝶预感大祸将临,惶惶不可终日。

果然,没多久,日本人就找上门来,邀请胡蝶到东京拍一部《胡蝶游东京》的影片,借以宣扬"中日友善"的思想。胡蝶爱国心切,坚决不做文化汉奸。她机智地以怀孕不便出演为由,巧妙拒绝了日本人的邀请,但日本人不肯善罢甘休,出言不逊,咄咄逼人,三番五次寻上门来滋事。

胡蝶夫妇意识到继续留在香港凶多吉少,决定逃离香港。临行前,他们将财物装在30只箱子里,托当时在香港秘密负责接送工作的人代运回国,可没想到,当他们历经艰险抵达广东韶关时,却听说他们的30箱财物在东江被打劫了。

这晴天霹雳般的消息让胡蝶眼冒金星,多年来的积攒化为乌有,以后的生活都成了问题,这让她情何以堪?急火攻心,胡蝶一病不起。潘有良也十分沮丧,国难当头,到处兵荒马乱,没有了积蓄,他想重新做生意都难。

这时,胡蝶突然想到了自己儿时好友林芷茗的丈夫杨虎,他曾任上海警备司令,或许他能帮着把丢失的财物找回来,于是就去找杨虎帮忙。

杨虎力不能及,又不好得罪了胡蝶,就把这件事告诉了当时兼任水陆交通统一稽查处的处长戴笠。

戴笠其人,在中国历史上可谓臭名昭著。不过当时,他正得蒋介石重用,权高位重,猖獗一时。他是个自相矛盾的人,他心狠手辣,对

戴笠

蒋介石极尽忠诚,拼死卖命,残杀过无数共产党人和民主人士、进步青年,又心存爱国之道,铲除汉奸卖国贼;他性情暴戾、急躁任性,又老谋深算、城府颇深;他极重孝道,善待糟糠之妻,又到处拈花惹草、风流奢靡;他左右逢源,广结人缘,又心胸狭隘、嫉妒成性……总之,这个从南京鸡鹅巷起家的戴笠,是个既令人毛骨悚然的杀人魔王,又是个精于心计道貌岸然的政客,他具备了捕猎高人的一切素质:有权有势、心思细密、不择手段。

其实,在杨虎把胡蝶的事情报告给戴笠之前,戴笠早就对胡蝶垂涎三尺。他看过胡蝶主演的《啼笑姻缘》、《火烧红莲寺》等多部影片。影片中,胡蝶动人的音容笑貌都让他心动神迁,尤其是胡蝶一笑一颦时,双颊时隐时现的酒窝,让他沉醉不已,他不止一次的幻想要将胡蝶占为己有。只是,当时,胡蝶是高高在上的大明星,他的幻想连他自己都知道是痴人说梦。

可现在不同了,胡蝶是落难的公主,正需要他这无所不能的稽查处处长大显身手、施以援助呢。天赐良机,他怎会错过?无法形容戴笠心中的狂喜,就好比一个对猎物焦渴已久、苦求而不得的猎人,突然发现梦寐以求的猎物主动送上门来一样,他只需轻易勾勾手指,就能把她控制于股掌,这样的意外之喜怎能不让他欢呼雀跃?

醉翁之意不在酒,在乎山水之间也。戴笠之意亦不在帮助胡蝶夫妇渡过难关,而是要将胡蝶一网打尽。他毫不犹豫地接管了这件事,并立刻写信邀胡蝶一家来他当时任职的重庆居住,并为胡蝶一家提供了由广州至重庆的机票,还把自己在重庆华丽的公馆腾出来,让胡蝶一家住进去。

情网恢恢,疏而不漏,做完了这一切的戴笠,悠然如等待鱼儿上钩的渔者,看着自己的猎物感激涕零地上钩来。

果然,正值落难之际的胡蝶一家,收到了戴笠的信,犹如抓到了一根救命稻草,怀着对戴笠不尽的感激之情,坐上了去往重庆的飞机。

来到重庆,戴笠对胡蝶一家极尽照顾,迎来送往,十分周到。这让胡蝶很诧异,她一直听说戴笠是个面目可憎、脾气暴躁的人,可眼前的戴笠完全不是这个样子,他爽朗好客、平易近人,哪像外面传言那般?

胡蝶对戴笠毫无防备,只当是命运再次垂青,让她在危难之际得遇贵人相助。她很庆幸,从1937年逃离上海到香港,又从香港逃到重庆,这几年颠沛流离、担惊受怕的日子终于熬过去了,她和家人都好好地活着,而且似乎活得越来越好了,这可真是峰回路转,柳暗花明呀。

福兮祸所伏,胡蝶看不透这些,或者,她隐约地感觉到戴笠对她别有用心,可际遇如此,她能怎样?那时,她和潘有声一穷二白了,若没有了戴笠的照顾,她何以立世?难得糊涂吧,只要戴笠没点明,她就装什么都不知道,等戴笠帮他们把财物追回来再做打算吧。

就这般随遇而安吧,没什么比家人平平安安守在一起重要。胡蝶的一厢情愿很快被戴笠搅乱了。他放出的鱼饵已经够多了,该到收线的时候了,天知道他在等待的日子里是怎样急心如焚,他可没有耐心对送到嘴边的肉眼巴巴傻等。

为了更快地得到胡蝶,戴笠派人把潘有声抓进了军统局,罪名是私藏枪支。胡蝶闻讯,大惊失色,无奈之下,只好再次求助戴笠。戴笠自编自导的戏剧收到了预期的效果,他很爽快地卖给胡蝶一个人情,把潘有声无罪释放了。

这件事,是戴笠对胡蝶恩威并重的提醒,单纯的胡蝶却并没有往坏处想,她守着潘有良,夫妻患难与共,感情更深更切,这让戴笠忍无可忍。既然敲山震虎的招数不好使,那他就只好再想别的办法了。

这天,是 1943 年春节,除夕之夜,万家灯火,鞭炮齐鸣。每逢佳节倍思亲,胡蝶一家身处异乡,不由涌起思乡之情。正当夫妻二人长嗟短叹时,戴笠派的人来请他们一家去吃年夜饭。

盛情难却,胡蝶夫妇收拾妥当,应邀而去。

华灯绽彩,美酒飘香。戴笠笑意亲和地坐在桌边恭候胡蝶夫妇的到来。

胡蝶夫妇感激至极,欣然入座。戴笠极尽殷勤,夹菜倒酒,谈笑风生,酒桌上的气氛十分融洽。胡蝶看着文质彬彬、谈吐幽默的戴笠,越发觉得他是个亲切和蔼的人。

席间,戴笠说起胡蝶丢失的财物,说事情进展顺利,不久就能将失物原封不动地送还,胡蝶夫妇一听,喜不自胜,对戴笠感恩戴德。戴笠连连摇手辞谢,话题一转,看向潘有声,说:"贤弟,若让你去云南昆明担任财政部广东区货运处专员,你可愿意任职?"

一直无所事事的潘有声一听,不由一愣。

"是这样,原来的专员临时被上面调任别处去了,这个职务一时空缺,我思来想去找不着个可靠的人,可巧你就在府上,又是才能出众的人,我放心让你去,所以冒昧提起,想征求一下你的意见。"戴笠不动声色地解释。

愣怔的潘有声这才回过神来,大喜过望地端起酒杯,连连敬酒感谢。

戴笠窃喜不已,看向胡蝶,她也正若有所思地看着他,他冲她眨眨眼,她便挪开目光看向潘有声,脸上风平浪静,缄默无语。

这层窗户纸早晚是要捅破的,既然胡蝶已心知肚明,却保持了沉默,他戴笠可以认定胡蝶默许了他的捕获,那他也不必继续煞费苦心了,该出手时就出手,他早已迫不及待了。所以,席间,戴笠的手在桌子底下不老实了,他握住胡蝶时,胡蝶柔软的小手在他宽厚的大手里颤抖了一下,却并未挣脱。

胡蝶知道,她无法拒绝,若不然,轻则他们被赶出戴笠的公馆,再次衣食无着,重则戴笠翻脸灭了她们全家,她可以不顾自己的性命,可她不能不顾丈夫和一双儿女。在这战火连天的时候,别说她这个靠演戏为生的女子,就是政府要员,哪天时运不济死于非命,也没人理会,这年头,死个人就跟死只蚂蚁一样。如果她的隐忍能换来家人的平安,那她也无话可说。

胡蝶忍了,看着蒙在鼓里欢天喜地的潘有声,心底充满了无奈和悲哀,人为刀俎,我为鱼肉,她就算有千百个不愿意,又能怎样?

原来戴笠竟是这样一个趁人之危的小人,远不是他表面上装出来的和善,实在叫人厌恶。表面上,胡蝶优雅地笑着,装出什么事儿也没发生,什么事儿也不知道的样子,可心里的苦只有她自己知道。

　　宴席散了,戴笠胜券在握,再就等着潘有声滚蛋,他抱得美人归了。

　　年关一过,潘有声去云南赴任去了,临行时,夫妻依依不舍,在胡蝶,更似生离死别。她紧紧抱住丈夫泣不成声。生逢乱世,命不由人,她想求得家庭和美度日都变成奢望,此去经年,夫妻离散,谁知道他们还能不能活着再相见?

　　"有声,无论你在哪里,无论以后发生了什么事,我的心都跟随着你。"胡蝶哽咽失声。

　　"嗯,我也是。"潘有声只当她女人家多愁善感,拍着她的后背安抚,"放心,有戴老板关照,我们都会好好的。"

　　胡蝶无言以对,看向善良可爱的丈夫,为他细细整理衣襟,依依送别。

　　潘有声头脚刚走,戴笠后腿就找来了。

　　来了,没空手,戴笠身后的属下抬着大箱小箱,浩浩荡荡地进了门,30箱,不多不少。

　　胡蝶纵是对戴笠心有反感,但她得承认,这兵荒马乱的,到处劫匪如麻,这财物失了,哪能这么容易找得到? 何况,伸手不打笑脸人,看着戴笠殷勤期待的目光,胡蝶纵有再多的怨怼也说不出口。她默默走过去,打开箱子,法国香水、丝绸睡衣、钱财首饰一应俱全,只是,不是她丢的那些,而比她丢失的更多更贵重。

　　胡蝶站在那些财物面前有些不知所措,这些明显是戴笠从别处搜罗来讨她欢喜的,她一直对这些财物念念不忘,可现在就算"找"回来,又有什么用呢? 潘有声已经被戴笠打发了,她也没了自由,在戴笠的掌控下,这些东西她根本也用不上了。人为财死,鸟为食亡,她到底没办法逃脱宿命的悲哀。

　　戴笠看到胡蝶在那里发呆,以为她高兴傻了,他走过去,无所顾

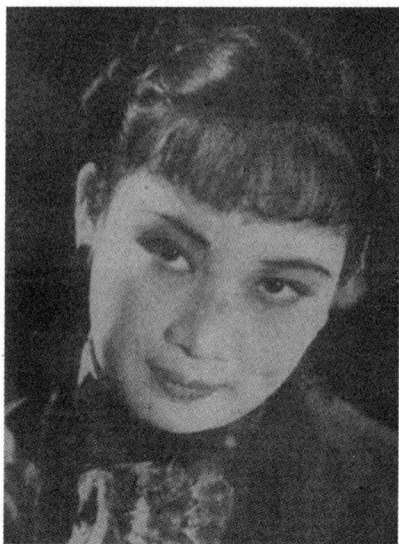

胡
蝶

忌地拉起她的手。撒网的时间已经结束了,他总算将他的猎物捕获
了。可是,当他看到胡蝶强忍的眼泪,心里一紧,便松开了她的手,强
扭的瓜不甜,他明白这个道理。

　　胡蝶很意外,戴笠竟然并没有对她动手动脚,而是像个坦荡的君
子那样,情真意切地说:"瑞华,只要你高兴,身体完全康复了,我为你
做什么都愿意。"说完,他就让手下把那些财物放进屋里,率众离开了。

　　胡蝶看着戴笠离去的背影,一时进退两难,百感交集。她不能带
着这些东西离开,潘有声还在戴笠的控制中,况且,她一个弱女子,带
这么多东西,路上再遇到强盗怎么办?她这才明白,从她举家来到重
庆,她就插翅难飞了。

　　看着那些财物,胡蝶心乱如麻,她自己也分不清,戴笠对她的这
份情意到底是值得庆幸,还是应该痛恨;戴笠的所作所为算是雪中送
炭,还是趁人之危,两者皆有,她又该如何面对他?

　　她也知道,她这般纠结,原本也是多余的。她没有选择。

爱情,必要的时候便成为女人谋生的手段之一,而为了保全家人的性命,她就算再不喜欢戴笠,也不能冒犯他。

胡蝶,真的变成了一只被人捕获的蝴蝶,从此只为他戴笠一个人所有……胡蝶掩面痛哭,却无计可施。

这两天,戴笠都没有来。

胡蝶有些意外,难道,是她对戴笠看走了眼?他帮助她,只是出于惜才和侠义?他葫芦里到底卖得什么药?这样的等待让她不安和恐惧。

第三天,戴笠的人来了,送来一只重1.1克拉的钻戒。

那是胡蝶丢失的首饰中的一件,一直是她最喜欢的。失而复得的喜悦让胡蝶笑颜逐开,把它戴在手指上翻来覆去地看,就听来人说:"胡小姐,这是戴老板特意让人从东江一家典当行里高价买回来的,而且,只要他听说哪里有卖您遗失的东西,他都不惜重金买下。"

看胡蝶没应话,那人又说:"胡小姐,恕我直言,想攀附戴老板的女人多得是,这么多年,戴老板唯独对您上心,这可是您天大的福分。"

这人的话,胡蝶明白,她早听说过戴笠有很多女人,但大都是逢场作戏,始乱终弃。其中有个叫周志英的女特务一心想当戴太太,结果被戴笠关进了监狱。现在戴笠对她用心如此,如果她再敬酒不吃吃罚酒,惹恼了戴笠,会发生什么可怕的事她难以预料。

胡蝶想到这里,对那人点了点头,问:"替我谢谢戴老板……他人呢?"

"戴老板生病了,情况很不好。"那人说完就告辞离开了。

戴笠生病了?而且情况很不好?如果他医治无效死了呢?那别说她的这些财物都可能被人觊觎,她和潘有声的性命怕都难保了。

戴笠若活着,她就能靠着这棵大树乘凉;他若死了,她的靠山就没有了,而他的敌家随时都可能要了她和家人的命!

胡蝶看着手指上的钻戒,突然间明白戴笠的重要性。他活着,她和家人还有可能安好;他死了,她和家人就会大难临头。

胡蝶心里惶惶的,赶紧收拾妥当去医院探望戴笠。他果然生病了,躺在病床上气色不佳,时而重重地咳。脱下戎装的他,少了几分威严,多了几分平和,而他因病痛写在眉宇间的疲惫,减淡了他素日里咄咄逼人的气势,此时此刻的他,更像是个需要关爱体贴的兄长。

就算他趁人之危,强抢人妻,但这天下哪有免费的午餐,受人恩惠,自然要付出相应的代价,既然她已经没得选择,就顺天应命,尽心照顾好她的靠山,保护好家人的安危。

胡蝶有些悲壮地走去病床前时,已然决定抛下羞耻之心,完全地依附戴笠了。她很细心地照顾他,为他喂水、捶背,做一个妻子会为丈夫做的事。

戴笠本来对胡蝶只是一时兴起,但当他在生病期间,得到她这般细心的照料,不由动了真心。往常,从来没有哪个女人这样贴心贴意地照顾他,而胡蝶是高高在上的电影皇后,能委身屈就,他也有些受宠若惊。他握住她的手激动万分地说:"瑞华,我就是现在立刻死了,也心中无憾了……"

胡蝶听戴笠这样表白,娇羞地笑了,后面的事,便水到渠成,你情我愿,男欢女爱。

胡蝶始终是矛盾的,她不爱戴笠,所有的柔情蜜意也都是应景罢了。她心里想着潘有声,却不能和潘有声过正常的夫妻生活,她只能和戴笠假戏真唱,和戴笠你恩我爱,不是夫妻胜似夫妻。

对于胡蝶的处境,潘有声何尝不心知肚明,戴笠为了霸占他的妻子,使用了调虎离山计,其实,那天在酒桌上,当戴笠说出派他去云南任职时,他就看穿了戴笠的心思。可是,看穿了又怎样,家有老小,命悬一线,如果他不听从戴笠的安排,全家都要遭难。

身为男人,生逢乱世,连自己的妻子的清白都保护不了,潘有声痛不欲生,可他只能忍气吞声,他深爱着胡蝶,为了她,他也得好好活着。胡蝶同样是为了家人的安危忍辱负重。别离前,她对他说的那句话他还记忆犹新,他了解胡蝶,她不是那种趋炎附势的女人,她的委屈只有他知道,他痛惜她,对她心怀疚愧,他不怪她,他等着和她团圆的那一天……

爱情,在那个离乱的年代,是战场上一缕清淡的硝烟,若没有生命的安全做为依托,却会迅速被命运的暴风冷雨摧毁、销散,尸骨无存。

想与爱人倾心相爱,想与家人幸福美满,需要和平。

没有和平,一切都是妄谈。

金屋藏娇

为了达到长期霸占胡蝶的目的,也为了让胡蝶尽快忘记潘有声,戴笠在位于歌乐山的杨家山公馆前,专门派人为胡蝶修建了一座花园洋房,极尽奢华,独具匠心。别墅内雕梁画栋精巧别致,假山池沼相映成趣,眼所到处无不画意盎然。戴笠又从全国各处搜罗了各种奇花异草、名贵古董字画,因地制宜地装点着华丽的别墅,让整个别墅四季花开,美丽典雅。

对胡蝶的要求,他唯命是从,她想吃南国的水果,他立即派人从印度空运过来,她想要漂亮的衣饰,他二话不说重金购买,尽样让胡蝶挑选……

　　胡蝶享受着皇后般的尊宠，但她内心并不真的快乐，没有自由，住在金笼子里的鸟儿没有开阔的天地，每天看到的人就只有戴笠一个，这样枯燥烦闷的生活，简直让她度日如年。

　　除了增加警戒，为了保密、防止胡蝶与外界接触，戴笠还在别墅外围修建了电网、水渠及隔离外界的围墙，围墙的外面又设置了岗亭。

　　这般戒备森严，似乎连空气都被封锁了，胡蝶感到压抑，整天闷闷不乐。戴笠既不想还胡蝶自由，又不忍看胡蝶天天郁闷，就又为胡蝶修建了好几处住所，罗家湾 19 号、重庆南岸汪山等地方，让胡蝶轮着住，可这样也不过是多了几个笼子罢了，无论胡蝶搬去哪里居住，都像在真空中生活。

　　当整个世界似乎只剩下她和戴笠两个人的时候，那种感觉是诡异而空寂、可怕的，戴笠能自由出入，能在外面的世界里玩够了再回来，可胡蝶只能老老实实待在家里等他，除此之外，她哪里也不能去，她完全成了一个与世隔绝的人，常常的，她觉得她已经死了。

　　这样活着，和死了有什么两样呢？看不到自己心爱的丈夫和可爱的儿女，除了戴笠，没人听她说话，她的喜怒哀乐似乎都和她的人一样，变成了戴笠的专属，而这个男人，只喜欢她的美色，她对自由的向往，他熟视无睹。

　　若是真爱，绝不会这样自私地占有，戴笠对她的情感，更多是变态的霸占，就像他钟爱的每一件古董，必藏之高阁、据为己有而后快。他公务繁忙，也照例常在外面鬼混，他不回家的日子，胡蝶就只能孤单地守着那些死寂的花花草草、瓶瓶罐罐，在如华丽的坟墓一样的别墅里孤独地回忆美好的过往。愣怔间，泪水兀自打湿衣襟，她想念她的孩子，想念她的丈夫，可对她有求必应的戴笠，就是不允许她见到他们！

　　她在这世上，就像一个已经死去的孤魂野鬼，没有了亲人，没有了人间的烟火气息，现在，她生命存在的意义，似乎就是为了满足戴笠的淫欲，除此之外，别无所有。她被战争、被戴笠彻底毁掉了，再不是从前那个纯洁、坦率、阳光、幸福的电影皇后胡蝶了，她变成了戴笠的玩物，成了他金屋藏娇的主角，而最可悲的是，她这般痛苦，却还要对戴笠强颜欢笑。

　　那个曾在上海滩声名赫赫、受人爱戴和拥护的影后已经死了，现在的她，就是戴笠养的一只鸟，早已名誉扫地，成为世人的笑柄。外人不明就里，一定认定她是个爱慕虚荣、恬不知耻的女人，为了荣华富贵，背叛丈夫，抛弃儿女……每每想到这些，胡蝶都觉得无地自容，羞愤难当，可她唯一能做的，就是咬着牙忍、咬着牙等。

　　戴笠对胡蝶越发痴迷了，他喜欢她的真实，她不像别的女人，变着法子取悦他，更不像别的女人那样喜欢瞎折腾。大多时候，她很安静，安静地看书、赏花、浇水，就算陪着他散步的时候，她也很少说话，而他说的话，她总是认真地聆听，虽然不参与意见，但她明眸善睐的样子那么美，让他在赏心悦目之余，烦恼自消。她温柔和婉，从不忤逆他的意愿，也从不掩饰对她的家人和丈夫潘有声的思念，这些让他又爱又恨，并因为爱恨交织而对她更加痴恋。

　　戴笠嫉妒潘有声，嫉妒潘有声比他更早认识胡蝶，更早得到她的心。那个潘有声除了会经商简直一无是处，他要弄死他跟踩死只蚂蚁一样容易，他真想把潘有声杀了，可他不敢，他知道，如果他真的做了，胡蝶会跟他反目成仇，闹得鱼死网破。

　　越是得不到的东西，越容易激起人的征服欲，戴笠就不信得不到胡蝶的心，他又在杨家公馆别墅前建了一座大花园，供胡蝶烦闷时观花赏鸟散心，可胡蝶对他做的这些事并不领情，她总是淡淡的，精致的眉眼间依然锁着愁绪。有时候，他真想对她发火，抱怨她生在福中不知福,可面对她清澈而明媚的眸子,他再多的怨气也发作不出,他怕她的怒火伤着她,让她对他心生恐惧而退避三舍,而她那眉眼如画的脸,总让他情不自禁想揽她在怀里,极尽疼爱呵护……

戴笠决定了,不管能不能得到胡蝶的心,首先他要霸着她的人,只要她的人在他的掌控之中,早晚有一天,他要让她完完全全成为他的女人!

得知胡蝶被戴笠金屋藏娇的消息,潘有声心急火燎,他担心胡蝶的安危,忍无可忍找去军统局本部,想找戴笠理论,可他一连去了几次,都被拒之门外,无奈,他想去看望胡蝶,又打听不到胡蝶的住处,一时急火攻心病倒了。

戴笠知道潘有声的举动,派人恩威并重地威胁他:"你想把胡蝶女士带回去是不可能的,你要是个聪明人,就乖乖拿钱当官,好汉不吃眼前亏。"潘有声势单力薄,心有余而力不足,一气之下,辞官远走,带着儿女和胡蝶的老母回去上海居住。

得知潘有声离开了戴笠的势力范围,胡蝶深深地松了一口气,也越发不能忍受这牢笼般的生活,她向往回到从前幸福的生活,夫妻恩爱,儿女团圆,她向往回到舞台上,与亿万影迷一起悲喜,她向往自由自在的生活,她无时无刻不在寻找逃离戴笠魔掌的良机。

可是,这样的机会太渺茫,而她已年近40,不复青春年少,她日益绝望,她不知道,潘有声这一走,她们夫妻还能不能再见面。但绝望的胡蝶并不放弃生的希望,她用《啼笑姻缘》里的话反复告诫自己,努力坚强地活着。

　　苦戏总有演完的时候。

　　悲观没有用,消极更不对,只有坚强地面对,才是解决问题的方法。

浮生若梦，世事无常，就在胡蝶日益绝望时，机会却意外从天而降。

1945年，中国抗战胜利，国内形势相对抗战时期一片大好。这时，戴笠渐渐不满单纯地霸占胡蝶，他想和胡蝶结婚。戴笠让胡蝶回上海与潘有声办理离婚手续。

想到能见到朝思暮想的丈夫和儿女，胡蝶欣然同意，被戴笠的人押送去上海找潘有声。

离别两年有余的夫妻一朝得见，抱头痛哭，难舍难分。正在夫妻两个人商量接下来该怎么办时，传来了戴笠飞机失事的消息。

1946年3月，戴笠积极执行蒋介石媚和谈真内战的方针，四处布置，筹划反共事宜，忙碌暂告段落时，他迫切想看到胡蝶，想尽快与胡蝶完婚，就提前乘坐飞机回重庆，不想，路遇雷雨天气，在南京近郊江宁县，戴笠乘坐的飞机撞到了岱山上，飞机炸毁，戴笠一命归西，时年49岁。

这个消息让胡蝶和潘有声喜出望外，他们一起神不知鬼不觉地带着家人离开上海转去香港。到了香港，胡蝶帮助潘有声创办了以生产"蝴蝶牌"系列热水瓶为主的兴华洋行。夫妻两个倾尽全力，生意渐渐红火起来。

可惜，好景不长，幸福的生活刚刚重新开始了六年，丈夫潘有声就病逝了。潘有声的离去，让胡蝶伤心欲绝，她无法面对丧失爱侣的现实，精神一度消沉。

看到胡蝶这个样子，亲友们于心不忍，鼓励她重回影坛。就这样，年过半百的胡蝶加盟邵氏公司，回到了阔别10年的电影界。接下来，她先后主演了《街童》《苦儿流浪记》等多部影片，其中，《后门》让她获得了第七届亚洲电影节最佳女主角奖。

事业上的再次辉煌，极大地安抚了胡蝶伤痛的心，却无法冲淡她对潘有声的思念,她再也没有嫁人,于 1975 年移居加拿大温哥华,更名潘宝娟。

　　据说温哥华的地形像摊开的右手,手的方向是伸向太平洋彼岸的亚洲,伸向中国。我住在这滨海城市的临海大厦,不论是晴朗的白天,或是群星灿烂、灯火闪烁的夜晚,当我站在窗户边向远处眺望时,我的心也像温哥华的地形似的,伸向东方,希望握着祖国、我的母亲的温暖的手。

这是选自胡蝶回忆录中的话。

远在异国他乡,历经沧桑、坚强如故的胡蝶在回忆中梳理流年旧事,她难以抑制地思念家乡,那里是她的根,有过她的爱与幸福,可是,也有她终生难以忘却的伤痛。戴笠给她两年如噩梦般的幽禁生活,让她对那段难以启齿的往事不堪回首,唯有躲在异国他乡,寻一方静土,安守岁月的宁静,在宁静中思念聚也匆匆、去也匆匆的爱人……

胡蝶的一生,的确像是一篇浓墨重彩的长篇小说,伴着胡蝶走向演艺事业的辉煌。先后出现的三个男主角各有独特的所有:林雪怀玉树临风、风流潇洒,却是个胸无大志、苟且偷安的人,这样的人似乎特别适合做女孩子们的初恋情人,养眼、嘴甜,领到哪里都风光无限,可真正守在一起过日子就差强人意了,他浅薄的责任心会让女人痛苦,他无所事事的懒散会让女人负累,实在难以托付终身。

随着林雪怀的下岗,实干经济适用男潘有声上场。潘有声其貌不扬,但踏实稳妥、勤恳上进、贴心贴意,虽然恋爱时节缺少风花雪月的浪漫创意,但过起日子来还是有板有眼的;他做好发家致富的计

晚年胡蝶

划,并切实地付诸于实际行动,有强烈的家庭责任感,善待老小,疼爱妻子,算是男人中比较精品的一类。只是,潘有声也有过抛妻弃女的记录,证实了这类男人也有经不起外来诱惑的缺点,所以当老婆的得用心上上保险。

　　第三者插足的戴笠是时下拜金女孩们的梦中情人,他看上了全国知名电影皇后胡蝶,并抓住天赐良机采取各种战略战术围追堵截,先是用权钱开路,引蛇出洞,把胡蝶一家骗到了自己的势力范围重庆。说到骗,的确有点儿过,毕竟胡蝶先有求于人,说戴笠顺水推舟似乎更恰当些吧。接着他采取敲山震虎的计策,找人以私藏枪支的罪名扣押了潘有声,专候着胡蝶上门求情,恩威并重,让胡蝶初步认识他高高在上的威势。然后,他大摆鸿门宴,采取调虎离山之计,把潘有声划拉一边去了,再然后,他就自私自利地把胡蝶占为己有了,折腾来折腾去非要死而后已不可,也算情痴一个。

　　人说爱情分类庞杂,错爱、痴爱、苦爱、挚爱……胡蝶的三段情似乎杂糅了种种,难以明确归类,不过,无论邂逅了哪种爱,无论爱的过程是苦是甜,爱的结果是圆满还是离散,是幸福还是痛苦,女人都要好好活着,像胡蝶一样宠辱不惊——

　　演员、商人、政客,三个男人一台戏,围着美丽动人的胡蝶走过一段异彩缤纷的人生,伴着胡蝶的爱与恨、欢笑与泪水,尘封在民国时期独具特色的历史烟云中,而她那双充满智慧、坚强、妩媚的明眸,将永远定格在黑白照片上,永久注视着这古今情不尽、风月债难偿的尘世……

伤心
是　　　说不出的痛
一种

隐世独居

陈洁如

情事成空犹似梦

> 你将是我独一无二的合法妻子。
>
> 曩昔风雨同舟的日子里，所受照拂，未曾须臾去怀……
>
> 愿你谅我情非得已，必须和宋美龄结婚……

午夜梦回，泪湿衾枕。

梦中，身着戎装的蒋介石握着她的手，忽而信誓旦旦、柔情似水，忽而冷漠如冰、翻脸无情。她惊坐愣怔，梦境犹新，残泪点点，她惶惑起身，踏着一地凄寒的夜色，形影相吊地走去屋外，漫天飞雪，北国冬寒。

一轮残淡的钩月挂在中天，冷光凛冽地看着她苍老的容颜，她颤颤地举手拂去腮边的碎发，如一尊被岁月磨尽棱角的雕塑，凄零地伫立在惨淡的月光中……

时光在耳边呼啸而过，也是这样一个飘雪的月夜，只是风轻、雪静、月莹，他伴着她，一起在银装素裹的小路上散步。走着走着，他突然停下，深深地凝视她，看她沾着雪花的长睫颤动如蝴蝶栖息的翅，稚气未脱的脸庞如冰雕玉砌般纯净精美。他抬起手来，小心翼翼地抚上来，似怕惊扰了一个梦。他的指尖，略微粗糙的纹理带着濡湿的温度，顺着她弯弯的娥眉细细划过，留下让她心颤的触痕……

> 你如同纯洁、未受尘世污染的白莲，就叫陈洁如可好？

他磁声低沉地说。

那时，她年方 14 岁，而蒋介石 33 岁，他要娶她为妻。

她就是陈洁如，是蒋介石鲜为人知的第二任明媒正娶的妻子，宠溺一时,却因蒋介石与宋美龄的政治婚姻而被隐匿,从此开始漫长而孤独的隐居之旅……

爱美人,更爱江山。陈洁如的爱情与婚姻,似一团迷雾,萦绕在蒋介石军戎、政治生涯的背后……

1905 年,陈洁如在宁波的一个小镇出生,乳名阿凤。父亲是纸商,经营地产和手工艺品,母亲吴氏性情温婉,贤惠持重,家境不富庶,亦足温饱,夫妻二人一边打理生活,一边养育小女,生活恬淡静好。

陈洁如度过风平浪静的童年,长成一个 13 岁的少女时,模样已显山露水、清秀可人了,她有个要好的玩伴朱逸民,早早地嫁给了张静江做小。陈洁如无趣时,就跑去张静江家里找她玩。

张静江是被孙中山称为"革命圣人",后又被蒋介石称为"革命导师"的富家子弟,出身江南丝商巨贾之家,支持孙中山的民主革命。因家境富裕,个性又开朗,张静江广结天下英才,是个豪爽好客的人。

蒋介石、戴季陶几个都是张静江的好友,哥儿几个常常到张家小聚。不巧,这天,蒋介石到张家时,一进门,就见一个身姿如柳的女孩在院子里赏花,花面人面交相映,说不出的雅致秀美,蒋介石一愣,便杵在那里看呆了。

这一年,正是 1919 年暑假里的一天,陈洁如照例来找好友玩,好友忙碌,叫她稍等她,她百无聊赖,便到院子里给花浇水。没浇上两棵,被几朵怒放的鲜花给吸引住了,她伫立花前,看得痴醉,完全没有注意到门口贸然进门的蒋介石。

她看花,蒋介石看她,风静静的,花香香的。

她那样的美宛如白莲出水,圣洁脱俗,片刻便让这尘世的喧嚣凝滞消散,只留下让他心动的静谧美好,在他眼前心底久久环萦。蒋介石挪不开目光,惊艳良久。

这时,屋里传来朱逸民的召唤,陈洁如莞尔一笑,抬起眸子正欲转身,乍然惊觉前面杵着一个身影,不由吓得花容失色,身子轻颤了一下。

魂不守舍的蒋介石被她这一动醒转了神儿,却仍然不言不语不动,兀自看她晶莹白皙的俏脸慢慢涨红,唇边挂上一抹亲近的笑意。

陈洁如生气他的无礼,恨恨地瞪了他一眼,正要转身,朱逸民和张静江出来了。朱逸民问她:"阿凤,怎么了?"张静江则欢喜地迎着蒋介石去了:"中正,你来了,快进屋,快进屋。"

噢,她叫阿凤。

蒋介石再次深深地看了她一眼,才随张静江进了屋。

这天的蒋介石,根本就心不在焉,张静江和他说什么,他常是答非所问,前言不搭后语,他的目光时时追随旁边的陈洁如。当听她说要走,他便急急地抢先一步告辞离开,跑去张家大门口儿,眼巴巴等她出来,他想知道她住在哪里,想能单独去找她。

见了她,33 岁的他似突然变成了青涩的少年郎,等她的时候,他清晰地感受腔子里剧烈的心跳,殷殷地回荡着对她的期盼。

一会儿,陈洁如出来了,拐过街角,看到蓦然闪出身来的蒋介石,又被吓了一跳,她着恼地瞪着他:"怎么又是你? 你要做什么?"

"我……我想知道你住在哪里。"蒋介石惴惴地说。

"住在西边第三个胡同。"陈洁如指了指相反的方向,趁蒋介石转头张望时,一溜烟儿跑远了,跑的却是往东的方向。

这个小妮子竟然敢诳他! 他是什么人,是能让人随便诳得到的? 蒋介石哑然失笑,悠然迈步,循着她的背影一路尾随而去。

陈洁如自然不会想到他会跟了来,一口气跑回了家。

蒋介石站在陈洁如家门前,仔细记了街道门号,笑吟吟地转身离

少女陈洁如

去了。隔日,他便带了礼物来了,进了门,见了陈洁如的父母,做了自我介绍,说明了来意,陈洁如的母亲却冷若冰霜地下了逐客令:"我家小女年纪还小,交友须慎重,您请回吧。"

蒋介石碰了石头,并不灰心。既然在陈家见不着陈洁如,那就还去张静江家,总有等到她的时候。

因为陈洁如,蒋介石去张静江家越发频繁了,有时并不进门,就在张家旁边不远的街角等着。功夫不负有心人,终是让他等着了。

这天,陈洁如来了。她还是迈着那样轻盈袅娜的步子,纤巧的细指缠着油黑的辫梢,秀美的脸上漾着纯净的微笑,浑身洋溢着青春的气息。

几日不见,如隔三秋,他惊喜地从角落里蹿出来,上前一步,霸道地抓住了她的手腕,生怕她飞了似的。他看着她,想说什么,唇舌似麻了似的,什么也说不出来了。

"怎么又是你?你要做什么?"她想甩开他的手,可他抓得紧,她便如小兽似地踢打,却被他捉住了另一只手。

他钳制住她,正对着她,闷闷地说:"我等你很久了。"

看他的样子,情窦初开的陈洁如似乎明白了他的意思,一张小脸腾地红了,别过脸去,不说话,也不看他。

"以后,我叫你,你要出来。"他说,像下命令。

"嗯。"他拽得她手疼,只好点头。

他放开她,如释重负般吁了一口气,擦擦额头上的汗,略微松了手,拉着她就走。

她不知道他要拉她去哪里,拗不过他,只好跟着,没想到他把她带到了一家旅馆,关上门,屋里就剩下他两个了。看着喘息粗重起来的蒋介石,陈洁如朦胧地感到危险,她紧张地跑去门口,打开门头也不回地逃掉了。

陈洁如再不敢去张静江家了,躲在家里不出门。蒋介石从张静江那边找来了陈洁如家的电话,打了好些遍,都是母亲吴氏接的,一次比一次回绝得狠,可蒋介石依依不饶地打过来,非要让陈洁如接电话。

"不许你再跟姓蒋的来往,他是 30 多岁的人了,有老婆有孩子的,你个黄花闺女,和他混在一起成什么体统!"母亲气极,把气撒在陈洁如身上,苦口婆心地告诫,"女孩子家要自尊自重,可不能随随便便的。"

陈洁如不敢不听母亲的话,不接电话,也不出门。蒋介石无奈,只好求张静江和朱逸民帮忙把陈洁如叫出来。

这次,蒋介石发了狠,找了纸张,横起刀来,对准了手腕信誓旦旦地说:"我定将用我的鲜血,为你写下一张永爱不休的誓书。"

不知道当年年轻的老蒋是情之所至,还是演的苦肉计,一个 30 多的色大叔对个十三四岁的小姑娘来这招实在有些搞笑,偏偏从古到今的纯情少女们都怕这招,都感动这招,所以这招就发挥了预料的高效。原本对老蒋冷若冰霜的陈洁如立马就软了,失声惊叫着:"请将那把刀放下! 我相信你,只要你放下刀!"

接下来的桥段当然是老蒋见机行事,利索地把刀放下,又利索地把受惊的小妹妹陈洁如揽进怀里百般安抚,絮絮地发一通狠誓,彻底镇住了年少纯情的小妹妹。

当时,蒋介石的原配夫人是毛福梅,儿子蒋经国已经 10 岁了。就年龄,陈洁如比蒋经国大三岁,给蒋经国当姐姐合适,蒋介石和陈洁如老爸的岁数差不多,这两人凑一起谈情说爱,怎么着都有些别扭,但爱情来了,什么匪夷所思的事都不是事儿。爱,就是化解一切矛盾的利剑。

蒋介石动了真格的,拿下了陈洁如,陈洁如的父母那道坎儿就好说了,直接理直气壮地上门提亲。

本来态度强硬的吴氏知道女儿铁了心了,再劝也没用了,就要求蒋介石明媒正娶,广发婚帖,举行订婚仪式,才允许女儿继续与他交往。

这事好办,蒋介石一口答应,并真的大摆宴席,把订婚仪式给办了。订了婚,两人的交往就天经地义了,蒋介石对陈洁如很是疼爱,终日和她守在一起,至于为他生儿育女的原配毛福梅,早被他忘到九霄云外去了。

现实真是残忍,凡是有些作为的男人总是这样朝三暮四,中国千百年的历史中,英雄难过美人关,可美人后浪推前浪,前浪死在沙滩上。男人的痴心大多只限于恋爱时期,女人的痴心却从恋爱刚刚开始,所以,自古男儿多薄情、女儿红颜未老恩先断。没办法,男人有好色的本能,女人亦有争宠的天性,争得过一时、争不过一世也无所谓,这并不妨碍女人们跃跃欲试,痴望自己一朝得宠,终身无忧。

明知道对方有妻儿,仍然要求明媒正娶,似乎明媒正娶了,就能将对方的妻儿一笔勾销了,男人就清白了,自己就成了男人的唯一了,这实在是自欺欺人的伎俩。只可惜,这种伎俩,很多女人总是乐此不疲地玩。

在蒋介石与陈洁如相依相偎的日子里,绝不会去想毛福梅孤儿寡母的在家里伤心落泪,把自己的欢乐建立在别人的痛苦之上,不以为耻反以为荣,这是女人的恶毒与悲哀的所在。

不知道陈洁如后来被蒋介石努力从他的情史中销声匿迹的时候,是否记起自己当年对毛福梅的伤害,那时,年轻貌美、才识过人的宋美龄可曾让她自卑复伤痛过? 这是后话,谁也无法预知未来。彼时,陈洁如沉醉在蒋介石的甜言蜜语中浑然忘我,想的都是繁花似锦的前程。

那天,蒋介石送给陈洁如一帧照片。照片上,"陈洁如"三个字写在他的左侧,意为永远相伴,永不分离。陈洁如贴身收好,如获至宝。

两天后,也就是1921年12月5日,相爱的蒋介石和陈洁如在上海永安大楼大东旅馆的大宴客厅里,正式举行了婚礼。

身穿镶有金银花图案的淡粉婚装,头戴精美珍珠头饰的陈洁如像高贵美丽的公主,由内穿深蓝色长袍,外罩黑缎马褂的新郎蒋介石牵引着,一起穿过铺着红地毯的礼堂,在众人的祝福中,交换礼物,祭拜天地,公证成婚。

现在,你已经是我亲爱的妻子了,世界上唯一的爱人!

噢,亲爱的,除你之外,我永远不会爱上别的女人。这是我郑重的承诺。

陈洁如与蒋介石

当夜,洞房花烛时,蒋介石这般柔情蜜意、信誓旦旦地说。

时隔多年,那夜的情景,似烙印在陈洁如心田上的一枚印章,永远清晰如昨。似每一个向心爱的男人交付初夜的女子那般,陈洁如在蒋介石的温柔中融化成水,那般浓得化不开的甜蜜,那般缠绵悱恻的缱绻,让她醉到不想醒……

多年后,那夜的情景,又成了心口上的一道伤,久远的时光亦不能疏散减轻它带来的剧痛,那夜所有的缠绵、所有的妙曼,都变成凌厉的刀刃,在她孤独黑暗的日子里,一遍遍凌迟她的灵魂……

爱有多浓,伤就有多痛,只是那时,她是幸福的新嫁娘,尚不知拥抱亲吻她的男人有一天会为别的女人离弃她……

她记得,那夜的月亮,明晃晃的像一轮圆镜,皎洁地挂在深邃的天幕上,银光如水般澄澈明净,月亮上明明暗暗的纹理,似一张幸福的笑脸。

这一生,似再不曾见了那夜的圆月,那般明澈,那般喜庆……

晴天霹雳

光阴回溯,情事萧瑟。

眼前的飞雪,盘旋、辗转,静寂地落入手心,带来泌心的寒意,这寒意久远而深邃,从何时起,长驱直入地蔓延进她的生命,再也不肯散去?

陈洁如知道,是从那天在苍茫的大海上,从无线电广播听到《蒋中正启事》的那一刻。那一天,她记得比谁都清楚,正是 1927 年 8 月 19 日,她遵从蒋介石的意愿乘杰克逊总统号轮船去美国修学……

轮船行驶在苍茫的太平洋上,浩瀚的海水在轮船两侧泛起层层银白的海浪,浪花四溅,在蓝天下闪成缤纷五彩,可她却无心欣赏这沿途的美景。她心意寥落,因宋美龄的出现,她的命运正变得迷雾重重,危机四伏……

她怎么也不愿面对蒋介石对她态度的突然转变,前一天,他和她还出双入对、甜美幸福,第二天,他就冷着脸告诉她,他要跟宋美龄结婚,要与她和毛福梅同时解除婚约。

当那句无情的话从蒋介石的嘴里吐出来的时候,她的天地轰然坍塌。她难以置信地看着他,极度的震惊和伤心让她呆若木鸡;而他,终于把游离的目光聚在她脸上,他不是在开玩笑,他的目光那般坚定,薄唇紧抿。她熟悉他的这个表情,每当他这样抿着唇时,决定的事便不可更改。可是,他怎么可以这样对她,她有哪里做的不好么?他要这样翻脸无情地离弃她!他对她的那些海誓山盟呢,难道都不做数了么?

无数的疑问、无尽的委屈重重压下,几乎要把陈洁如给揉碎了,她实在想不明白,蒋介石为什么一定要这样做。那时,她尚不知道,政治联姻对蒋介石意味着什么,更不理解,为什么一个堂堂男儿奔前程要借助那个宋美龄的力量,要抛妻弃子背信弃义!

她一头雾水,惊魂不定,她和他的婚姻只有短短六年啊……在这六年里,她像所有钟爱自己丈夫的女人一样,甘愿为他做任何事。

她记得很清楚,她们结婚后第三天,蒋介石就带着她回家拜见公婆。她心里忐忑,他拥着她的肩膀,软语劝慰,让她只管放心,一切有他在。

在溪口,除了蒋母,她还看到了蒋介石的原配夫人毛福梅,那个身材矮小、面容和善的女人,那时,她陈洁如虽然态度谦恭着,但心里是隐藏着优越感的,毕竟蒋介石宠爱的是她。

毛福梅很难得,不哭也不闹,当什么事儿也没发生似地以礼相待。陈洁如知道,毛福梅的心一定是痛的。没有哪个女人被人抢了丈夫会真的波澜不惊,只是,女人要懂得认输,既然已经输了,若不服气,歇斯底里地闹腾,结果不会是反败为胜,只能是输得更惨烈。

毛福梅13岁就嫁给了9岁的蒋介石,是辛苦陪着年少顽劣的蒋介石一起长大的。现在蒋介石有本事了,毛福梅也已成了黄脸婆了,蒋介石带回了姣美的新嫁娘,毛福梅除了忍气吞声,还能怎样?

同是女人,陈洁如在偷偷自得的同时,也还能心存善念,设身处地地为毛福梅想想,体谅她的痛苦和处境,她对毛福梅恭敬有礼,对蒋经国也很疼爱。她做这一切,都是为了让蒋介石欢喜,她爱他,就不想惹他烦心,家和万事兴的道理,她懂。

蒋介石除了毛福梅,还有个姓姚的女人,不过,蒋介石早就不喜欢她了,她远不如毛福梅在蒋介石心中的地位。陈洁如对姚氏也尽量友好,犯不上争宠斗狠,本来也没什么可争的,男人的心在哪边儿,哪边便不战而胜。

她陈洁如可从来没有持宠而骄啊,这六年来,她一直尽职尽责,对上,她善待蒋母和毛福梅,对下,她把蒋经国视为己出,左右逢源、滴水不漏,对蒋介石,她更是无微不至,做他工作上的助手,随侍左右,甘苦与共。

这短短六年间,蒋介石先是接到孙中山从香港发来任命他为大元帅府参谋长的函件,去广州任职;1924年,他又就任黄埔陆军军官学校校长,事业可谓一帆风顺,步步高升。而她陈洁如,既是蒋介石的贤内助,又是他工作上的战友,她于他,是全心全意地付出。

对她的付出,蒋介石也懂得珍惜与回报,那几年里,他从来不去毛福梅和姚氏那里,有空就和她厮守在一起,她很知足,很幸福。

本以为,这幸福会长长久久,像蒋介石每次拥着她说的那些海誓山盟一样,她是他今生唯一的所爱,他不会再爱上任何女人,他会给她一生的幸福。

可是,自从那天,蒋介石见了仪态万方、学识渊博的宋美龄后,人就变了……

回到家,蒋介石对她不再像从前那般温柔疼爱,渐渐变得冷颜冷色,时常坐在那里发呆,她跟他说话,他都充耳不闻。

开始,她只以为他公务繁杂,心事多,也不敢多作打扰,一如既往地为他做这做那,以换取他的欢欣,可他变得像个石头人一样,对她再没有从前的恩爱。

陈洁如很纳闷,不知道蒋介石这是怎么了,这时,孔祥熙派人来请她去做客。

孔祥熙和蒋介石一直关系密切,又是宋美龄的姐姐宋霭龄的丈夫,他请她陈洁如做什么? 蒋介石知不知道这件事? 还是根本就是蒋介石托孔祥熙请的客? 陈洁如疑惑地前去赴宴,没想到,这一去,之前的所有疑团都解开了,蒋介石根本不是事务繁忙而变得不苟言笑,而是他变了心,爱上了宋美龄!

蒋介石与宋美龄

　　那天的宴请，每每想起，都让陈洁如愤恨难当。孔祥熙夫妇当着她的面，对他们的妹妹宋美龄与蒋介石在一起如何如何般配大放厥词，她倒像个局外人似的，被他们说成阻碍蒋介石前程的绊脚石。他们对她冷嘲热讽，时而放肆地哈哈大笑。她忍无可忍，碍于不想让蒋介石生气，强行咽下了一口恶气。她委屈得两眼酸痛，强忍的泪水在眼眶里打转，她拼命忍住不让自己掉眼泪，她看着宋美龄，不由自主地恐慌。的确，宋美龄很高雅，很漂亮，举手投足都是名媛风范，她烫着微卷的长发，皮肤紧致白皙、水嫩光滑，眉眼生情，琼鼻贝齿，是那种让女人看了嫉妒，让男人看了心动的女人。

　　蒋介石真的会为了这个宋美龄离弃她么？陈洁如惴惴不安地回到家，却看到蒋介石已经等在家里了，她终是忍不住哭出声来，把在孔祥熙家受到的所有委屈释放出来。她多么希望蒋介石像从前那样把她拥在怀里，温柔地劝慰呵护，让她心安，给她力量！

可是，蒋介石僵坐如石，等她哭声微歇，他说出了更让她刺痛的话："洁如，我需要宋美龄做我的妻子，这样我才能得到西方的支援，希望你能成全我们。"

这是什么话？陈洁如愤怒地看着他，连话都说不出来。

"洁如，我这也是无计可施，只能出此下策。我爱的人永远是你，相信我，洁如，我是万不得已，你先出国去进修五年，我保证，五年后，我一定离开宋美龄，一定接你回家。"看到陈洁如这样伤心，蒋介石良心不安，上前握住她的手说。

他真的不爱宋美龄？只是出于工作需要？陈洁如的眼泪重重落下，不管为什么，她也不愿意离开他呀。

"洁如，你必须远去美国，这是宋霭龄的条件之一。洁如，我明知这样做是过分了，但你如留在上海，这个全盘交易就会告吹。你还不了解我的苦心吗？"蒋介石看陈洁如不说话，面露难色地说。

她该怎么办呢？他都这么说了，她不答应又有什么用呢？陈洁如两眼发黑。

"洁如，我发誓，五年后，我一定接你回家，否则让我天打雷劈，放逐海外，永不回来！"蒋介石举起手来，郑重其事地发誓。

他已经发了多少次誓了？到头来还不是空话一筐？可陷入爱恋的女人就是这么傻，当听到他把话说得这么狠，陈洁如还是心软了，她捂住他的嘴唇，趴在他怀里哭着点头，那一刻，她突然记起，那天，蒋介石拥着她一起出现在毛福梅面前时，毛福梅的身子颤抖了一下，眼神倏然黯淡，却仍然倔强地站定，强迫自己挤出笑脸来。那时，陈洁如才真正体会到，毛福梅那时的心境，她加注给毛福梅的痛苦，宋美龄也让她深刻地体会到了。

或许，这就是报应吧！

陈洁如哭得死去活来，仍然不得不踏上那艘去美国的轮船……

蒋介石没去码头送行,他说公务缠身,要忙,让她自己走。

忙碌,只是借口,从前,他再忙,她远行或归来,他也会殷殷地赶去接送。

上了船,随着船渐行渐远,岸上的人都变成了蚂蚁大小,终于不见。她即将去国离乡,离开所有的曾经,包括和蒋介石恩爱的六年光阴,断了之前所有的情意……

陈洁如隐隐地不安,终于在听到那段无线广播时变成了残酷的现实!

　　各同志对于中正家事,多有来函质疑者,因未及启蒙复,特此奉告如下——民国十年,原配毛氏与中正正式离婚。其他两氏,本无婚约,现在与中正脱离关系。现除家有二子孙,并无妻女。惟传闻失实,易滋淆惑,特此奉复。

当播音员用冷静、徐缓的声音念出蒋介石发出的这个启事时,陈洁如头晕目眩。"其他两氏,本无婚约"? 这句话里说的"两氏",当然指的是她陈洁如和姚氏,她是他蒋介石明媒正娶的妻子,怎么就成了"本无婚约"的人了? 她们的结婚证还在呢,他怎么能把他们六年来的婚姻事实抹得一干二净?

陈洁如如遭晴天霹雳般,茫然不知身在何处,她那么爱他,体谅他,相信他,结果,这些全被他用一句"本无婚约"打发掉了! 她这才明白,蒋介石苦口婆心地劝她离开祖国只身赴美进修、五年后接她回家的承诺,不过是想甩掉她的花言巧语,她现在于他什么都不是了!

陈洁如无法接受这个残酷的现实,无法接受昔日里对她海誓山盟的丈夫蒋介石对她的离弃,她从震惊中回过神儿来,看着轮船下面翻飞的海浪,只觉得心如刀割、万念俱灰,她突然冲向船舷,想投身大海,将自己痛苦的生命连同所有的爱恨埋葬!

　　她被人拽住了,冰冷的浪花飞溅在脸上,带来三九严寒的凉意,伴着她绝望的挣扎与痛哭,定格成一生无法忘记的伤痛。她的心碎了,像那碎落如雨的浪花,四溅了去,再也无法完整如故……

　　时隔多年,每每想及,那一刻的痛仍然深入骨髓,让她浑身冷战,但她再痛再绝望,蒋介石也不予理会了。她能想象得出,就在她放声号啕的时候,蒋介石正在上海与宋美龄谈情说爱,他说情话的样子,一定像从前对她那般真挚得要命,他可真是个无耻之徒!

　　陈洁如痛恨,痛恨蒋介石背信弃义,痛恨他为达政治目的不择手段,痛恨他朝三暮四不念旧情……可她再恨他,心底还是爱他,她无法像他那样翻脸无情,把过去所有的恩爱像翻书一样,轻轻一掀就翻过去!

　　就算他对不住她,她还是不忍当众毁损他的声誉,她爱了他一场,就算他最后骗了她,但他曾经对她的好,她不能全部否认。或许,他真有苦衷,或许,五年后,他真会接她回家,而现在的一切,都是他不得已而为之吧!

　　那时,陈洁如大哭之后,仍然一厢情愿地这样安慰自己,像所有被深爱的人伤到的女人那样,尽力为他开脱。所以,当到了美国,许多记者一袭而上,对她进行采访,企图挖掘新闻,她都沉默以对。

　　与其在怀疑、仇恨中度日,不如相信他,充满期待地活着,五年,很快就会过去,她该好好运用这五年的宝贵光阴,让自己学有所成,在气质和才学上超过那个宋美龄! 陈洁如抑制着满心伤痛,全力深造,苦修英文、养蜂和园艺,甚至靠勤奋刻苦从哥伦比亚大学教育学院获得了硕士学位……

在美国的那五年,她是怎么熬过来的呢?

后来,日益苍老的陈洁如常常自问,是对蒋介石的爱与恨,是对宋美龄的嫉妒,让她以惊人的毅力克服了重重困难,让自己从一个平凡普通的女人变成一个会说英文、有才识的女人。

随着回国的日子越来越近,蒋介石曾承诺给她的五年盟约仍然给她无限希望,她仍然痴傻地希望,她深爱过的男人能兑现他的承诺,会在五年结束的某天,再次如从前般情意绵绵地接她回家⋯⋯

曾有人这样说:"能够说的委屈,便不算委屈;能够抢走的爱人,便不是爱人。"

这句话无疑是对的,可正如人们明白很多道理却仍然无法脱俗一样,这个道理对于用情至深又无法绝情的人来说,起不到任何警醒、劝慰的作用。从来,女人嫌贫爱富,会被痛骂为势利眼,而男人为了趋炎附势而朝秦暮楚,却会被世人称颂为"识时务者为俊杰"。很不幸,陈洁如爱上了为达政治目的不惜一切代价的蒋介石,她在他勃勃野心下,被他弃之如敝屣。

可是,幸与不幸,原也不是靠别人赐予,或是被任何人左右的。他可以背信弃义,翻脸无情,女人的确被伤到了,可是受伤后,选择怨天尤人、自暴自弃,还是淡然处之、独善其身,却在女人自己。选择前者,女人从此成为爱的俘虏和残兵败将;选择后者,女人便有机会反败为胜,至少,能通过主宰自己的情绪让自己变得更优秀、更完美,此处无风景,风景在别处。

陈洁如在被蒋介石离弃后,经过短暂的痛苦后,选择了自强,可是,她并没有再恋爱,她无法忘掉蒋介石,在五年后,她抱着一丝希望回去上海⋯⋯

隐世情人

　　1933年,陈洁如回到了上海。

　　彼时,蒋介石已是南京国民政府的元帅,人前威风八面。靠宋美龄和她娘家的支持,蒋介石果然实现了他的政治理想。无论蒋介石有什么应酬,宋美龄都陪同左右,夫妻看上去十分恩爱融洽。

　　陈洁如的归来,蒋介石并没有兑现承诺,她似乎早被他遗忘了。她回来多日,听到的都是他和宋美龄怎样和美的闲闻逸事,每听一次,她的心都刺痛一次,渐渐痛得麻木了,她便变得沉默孤僻起来;最后,她索性躲进家里,深居简出,闭门谢客,来个耳不听心不烦。

　　陈洁如自己再没心情谈感情,再则,跟过蒋介石的女人,哪个男人敢搭理? 这一生,眼看就这般生生毁在他手里了,从此似要青灯古佛,做了尼姑,吃素念经去了。

　　陈洁如心里堵得慌,终日闷闷不乐。好在她还有个女儿,这孩子不是她和蒋介石亲生的,是他们曾经领养来的,取名"陪陪",后来,被蒋介石改名叫"瑶光"。她和蒋介石离婚后,瑶光改姓陈,一直跟着母亲,她回到上海,唯一能陪伴她、为她排解烦闷的人就是瑶光了。

　　常常的,陈洁如会痴想,如果瑶光是她和蒋介石亲生的孩子该多好啊,那样的话,或许蒋介石对她就不会这般无情了。就像毛福梅,虽然蒋介石不喜欢她,和她也离了婚,可她和蒋介石有蒋经国,就算看在蒋经国的份上,离婚后,蒋介石对毛福梅都一如从前地照顾着。

　　想想,实在郁闷极了,本以为蒋介石待她是最好的,她比毛福梅在他心中强势得多,却原来,她才是无足轻重的那一个!

　　心里怨气与日俱增,陈洁如便忍不住写信给蒋介石。如果他真的忘了他们过去的恩情,她倒要问问他,他说的那些话做数不做数,他想这么把她毁了么,还有他们一起收养的孩子,也打算不闻不问么?

信一封封寄去，一封封石沉大海，殷切的希望变成一次次失望，她仍然不死心，发了狠似地写信，她本来可以不回国的，可以在美国找个人家过日子的，她回来是因为还想着他，他怎么能这么扔下她不管了？

这一次，蒋介石没回信，可着人给她送了 5 万元钱。这算什么？他当她是要饭的么？陈洁如愤恨难当，却又稍微庆幸，不管怎么说，这总比他不声不响，一点反应没有好。

这天，陈洁如闲来无事，又坐在家里写信，这些信，只寄出过几封，大都是写给自己看的，字字句句都是对他的思念和怨怼。

听到门响，她没在意，以为是瑶光。

可是，来人站在那里，半天没动静，屋里的气氛也异样的静寂，她疑惑地抬头，就见蒋介石立在门口，默默地看着她。

五年没见，年过四十的蒋介石蓄了胡子，更成熟威严了些；而她，已经不再是青涩的少女模样，她正当年华，二十几岁，正是女人一生中最美的时节，而在美国的修养也极好地提升了她的气质，从他的目光中，她就知道，他是喜欢的。

这一幕，似回到他们初识的那天，他站在门口，痴看着赏花的她，半天神不守舍。

陈洁如有些慌乱地站起来，手足无措地看着他，他走近来，拉住了她的手……

似乎，他们之间从来没有离婚这件事，她也从来没被蒋介石无情地离弃过，他对她依然热情，她对他依然渴望。可离了那床，离了那门，他还是宋美龄的丈夫，而她陈洁如，成了小三。

小三就小三吧，既然他自始至终是她唯一的男人，既然她已经不能再接受别人，也不能被别的男人染指，总不能指望她年纪轻轻真当尼姑吧。只要他还喜欢她，要她，她能时常看到他，当小三虽然委屈

旧情复燃

些,也比看不到他整天烦闷强。

　　再说,话说回来,这本来就是她的男人,凭什么被宋美龄抢走了,让她活受罪呢?她已经为蒋介石的事业作出很大的牺牲,忍受了很大的耻辱了,她也可以为了他的面子不求名分,甘心做他的隐世情人。

　　陈洁如对自己没办法,她爱他,他对她曾经的无情,她都忽略不计了。

　　就这样,陈洁如与蒋介石旧情复燃了,而且燃得轰轰烈烈,不过老蒋绝口不提给她复位的事,宋美龄可不是好惹的,蒋介石怕老婆也是出了名的,何况,相比宋美龄,陈洁如在才学见识和人际交往上,还差得远,的确不适合做正宫。

　　那段日子,陈洁如虽然是委屈的,但也是幸福的,只要和心爱的男人在一起,而且她知道计较也没用,就索性接受现实,安安稳稳地做老蒋的隐世情人了。

可世上没有不透风的墙,蒋介石私会陈洁如的事还是被宋美龄知道了。

那天,宋美龄无意中进了蒋介石的房间,结果,一抬眼,就看到床上有一双高跟鞋,根本不是她的,再笨宋美龄也知道怎么回事。看看床上,乱成一团,再看老蒋,神色尴尬,她知道老蒋把人藏起来了,她也不能逼他交出人来,一时气得汗毛倒竖,抓起那双高跟鞋就丢到窗外去了,指着蒋介石破口大骂。

不过,宋美龄再怎么生气,她也不打算跟蒋介石离婚,而她只要不吐口,蒋介石是没胆子跟她提离婚的,既然他只是玩玩,那女人成不了什么气候,她也就忍了。

可不几天,宋美龄就气炸了,因为有人告诉她,老蒋偷情的女人不是别人,正是他前任老婆。岂有此理,既然他那么爱她,娶她宋美龄做什么?再说那个陈洁如有什么好,哪点儿比得上她宋美龄?蒋介石也太蹬鼻子上脸了,女人不有的是吗?这不是明摆着让她难堪吗?

宋美龄越想越气,去找蒋介石理论,结果蒋介石态度很不老实,宋美龄一气之下,拿起旁边古董架上的花瓶,狠狠揍了他。老蒋的额头被打中了,顿时又红又肿,他一看宋美龄撒泼来真的了,再不敢顶嘴了。

不过,打架归打架,老蒋偷情的乐趣是扼杀不了的,只是,他更小心些,把陈洁如安排在盟友吴忠信的家里,这样私会起来就比较安全了。

陈洁如一如既往地当蒋介石的隐居情人,直到蒋介石后来逃去了台湾。到底,他对她的所有承诺,没实现一个……

洁如，我发誓，五年后，我一定接你回家，否则让我天打雷劈，放逐海外，永不回来！

一语成谶，蒋介石违背誓言，到底遭遇了天谴。

所谓佛法不离世间法，当不争、不贪、不求、不自私、不自利、不打妄语，才能求得圆满。虚妄的誓言，说出口而不兑现，蒋介石怕是做梦也想不到，有因必有果，他会在无意中说准了自己的结局……

一生，守望一人，是对是错，尽由别人评说去吧，陈洁如这一生，便是守望着蒋介石走过的。

在海峡两岸、天各一方的岁月里，祖国解放了，走上了繁荣富强的道路。而蒋介石，永远留在了台湾。就在陈洁如渐至六十花甲的1962年，她等来了蒋介石的一封亲笔信，信中有这样一句话：

曩昔风雨同舟的日子里，所受照拂，未尝须臾去怀。

那年，蒋介石已经 75 岁。

所有的爱恨情仇，都会被时光化解于无形，谁都有过年轻的时候，谁都有为爱而痴狂、迷茫的岁月，走过来，再回头，当年风月，不过是两个人生命中一次注定的纠缠……

她没有回信，仍然守着孤独，在每一个夜晚，将回忆串起，细细数。

1971 年，她卧病在床，行将就木，她颤颤地给蒋介石回信，这是她临终前唯一想做的事了：

30 多年来，我的委屈惟君知之，然而为了保持君等国家荣誉,我一直忍受着最大的自我牺牲……

字字锥心,所有的流光,都已浓缩成笔下平静的文字,隔着岁月的长河跨过去,诉说着浮生的孤独、委屈与浓情。"蒲苇韧如丝,磐石无转移。"因为深爱,所以愿意承重。

信写完了,心声吐尽了,生命也便戛然而止。没有人知道,陈洁如对自己这一段虚浮的爱到底有没有悔意。

陈洁如死后,骨灰被送回美国安葬,异乡孤茔,寂寂春空……

一个男人,爱一个女人,却为了图谋自己的未来而轻言离弃,即使他曾经是爱的,但这爱也不够真、不够深,顶多也是一时兴起,所有的柔情蜜意只是为了满足私欲的谎言,他浅薄的爱源自他极端的自私和自恋,他的虚情假意,原不值她付出一生去守望。

若一个男人,真爱了一个女人,不会忍心让她在寂寞里苦苦等待,更不会为实现自己的政治目的而将她弃之如敝履;如果他真爱着一个女人,会把她视为珍宝,比任何权力地位都重要,他会靠自己的力量去强大,给女人安稳的晴空,而不是把成败的筹码放在女人身上去赌局。

离妻弃子、攀附权贵的男人,即使成功,也让人瞧不起,最终,他苦得的权势即使再尊贵、雄厚,随着他华年不再、老之将至,也都将尽数化为泡影。

求得一心人,白首不相离,这才是人生最幸运、幸福的事。

一个男人值不值得你爱,就看他是否忍心看着你委屈。若忍心,你再爱,也要决然转身;若不忍,你爱他便是应该。

爱，

也 巾帼不让须眉

可以

督军夫人

董竹君

迫入青楼

常常，女人愿意把获得幸福的希望寄托在男人身上，向往通过爱情与婚姻，让自己成为幸运的宠儿，可爱情与婚姻总如易变的天气，让人无法掌控——每每怀着美好的憧憬投身其中，又每每带着伤痛黯然神伤，在怨天尤人中坐愁红颜渐老，让自己变成攀附失败的柔藤，颓唐地匍匐在地，渐失生机，日益绝望……

而董竹君，这个出身贫寒、曾被迫沦为青楼卖唱女的美丽女子，即使身陷囹圄却依然充满希望、即使婚姻惨败却仍然斗志昂扬，她从不曾被打倒，她从没有颓废，无论遭遇怎样的境遇，她始终顽强乐观地面对所有，她的一生如一道绚烂夺目的彩虹，她用坚强不屈的意志支撑起坚韧的弧度，让人高山仰止。

她曾是身份卑微的青楼女子，曾是上海滩荣耀一时的督军夫人，曾是赫赫威名的锦江饭店女老板，曾连任七届全国政协委员，她起伏跌宕的一生，如此波澜壮阔，而她在爱情与婚姻中不同凡响的决择，更是奏响了这一女子生命中最强劲的音符，荡气回肠，余音袅袅……

一个女子，实在可以像董竹君一样活出属于自己的风采。

董竹君生于1900年正月初五，乳名叫"毛媛"，自小生得面如冠玉、娇俏可爱，大家都喜欢叫她"小西施"。

天生丽质的女孩却没有富裕的家境，这委实是件让人遗憾的事。而极度贫苦的生活极具毁灭性，董竹君过早地经历了一次又一次的生离死别——先是老房子着了火，家里二叔八孙的外孙和4岁的外孙女被活活烧死；随后，是三叔因劳累过度死去；接着，年幼的妹妹和弟弟，因为吃不到奶水饥寒交迫、生病无钱医治而夭折。

不过，贫苦的家境也让年幼的董竹君锻炼了坚强的心志，她早早地参悟着生死,小小年纪已经学会了思考。

忠厚善良的父亲是个人力车夫,收入微薄,为能帮家里增加些收入,懂事的董竹君就想到了卖报。不管严寒酷暑、风霜雪雨,她每天都会在天亮前到报馆批发处门口进货,领回报纸整理后,分家分户送去,从不间断。而且,她还每天帮母亲做家务,从来不曾有半句怨言。

6岁那年,开明的父母不顾经济的拮据,还是把董竹君送去了私塾。董竹君十分珍惜这来之不易的读书机会,学习很努力,每一次先生教的知识,她都牢牢记在心里。

她原以为可以这样风平浪静地快乐地长大,却不曾想到,生活严峻的考验再次降临。

三年后的一天,父亲突然病了,拉洋车时有间断,还要吃药,即使母亲兼职做粗活,家里仍然入不敷出。父亲病了许久,一直不见好转,母亲日夜操劳,脾气变得越来越坏,本已风雨飘摇的家雪上加霜,终日笼罩着惨淡的愁云,董竹君也面临着辍学的危机。

可母亲终是不同意董竹君的学业半途而废,她想到了借债,就让董竹君去找家里比较有钱的一个亲戚,想向他们借些钱渡过难关。

那次借钱的经历,在董竹君心里印下了一道深刻的痕迹,那似乞讨被拒的屈辱深深刺激着她,每每在她举步维艰的时候激励她奋起。

那一天,鼓足勇气的董竹君走了很远的路,终于来到了亲戚家门前。她站在那壮观的门楣前,抹着额头的汗水,下意识地低头看了看,她穿着厚旧的老蓝布衫子,膝盖下边还破着个洞,几处补丁也已经断了线,她为自己灰蒙蒙的样子感到难过,她深吸几口气,稳定了情绪,举手敲门。

有人把门打开一道缝儿,从门缝里上上下下把董竹君打量了一番,目光满是厌烦和鄙夷,让董竹君浑身恶寒。她窘迫地说明来意,没想到,那人轻蔑地冷哼了一声,便"砰"的一下把门关上了。

无法言说的屈辱让董竹君无地自容,她转身哭着跑回家,看着躺在床上呻吟的父亲,她心痛如刀绞。从此,活泼的董竹君变得沉闷起来,她默默地帮助母亲做这做那,再不似从前般无忧无虑。

那时,正是辛亥革命前夕,清朝腐败到了极点,帝国主义正虎视眈眈想要吞并中国,百姓生活艰辛,董竹君耳闻目睹着挣扎在苦难中的亲人们,心中充满了摆脱贫困生活的渴望。

父亲的病终于渐渐好了,但身体十分虚弱,再也不能拉车了,家里的生活越发困难。就在董竹君盘算找事做为家里分忧解难时,母亲却要给她裹小脚。

一层层布缠在脚上,生生把脚趾折下去,董竹君痛得要死,几次把裹脚的布带剪开,可每每被母亲发现,训斥后仍然用布紧紧缠了,母亲说,只有小脚的女人才能有男人疼。

董竹君很纳闷,为什么女人裹脚才会有男人疼？这是什么道理呀！若是因为裹没裹脚,男人决定爱与不爱,那不是太荒唐了么？她想不通,坚决不裹脚,父母拿她没办法,到底没拗得过她,也就随她去了。

转眼,大脚板的董竹君12岁了,家里穷得连房租都付不起了,更不用说她上学的钱了,没办法,她只好辍学,母亲让她去学唱京戏,她不肯,她想起清和坊里弄和沿马路的那些堂子里,打扮得花枝招展的姑娘招徕客人,常常会咿咿呀呀唱京戏,那些乐曲声终日萦绕不散,让她听着就烦心。

可是,董竹君到底没逃得过去。贫穷可以逼良为娼,她别无选择,她能选择的,就是抱着"卖艺不卖身"的念头,跟着师父学唱京戏里的"老生"。她学得很快,常常得到夸奖,可她心里很别扭,她想逃得远远的,再不受这困窘生活的压抑,可她无处可逃。

那样可怕的时刻终是来了,那个阴沉沉的冬日,一对男女上门来,强行把董竹君拉去名为长三堂子的青楼里。那一年,正是民国二年(1913年)冬末春初,董竹君年仅13岁。

因贫困而堕入青楼,是那个时代穷人家里最普通不过的事情了,董竹君纵有万般不情愿,还是要为孝道卖身青楼。偌大的堂子里,尽是些貌美如花的苦命姑娘,有的卖唱,有的卖身,有的连唱带卖身,都为能活下去而劳心伤神。董竹君身陷其中,心中的痛苦无法言喻。

杨兰春,这便是董竹君的艺名,俗而艳。

从此,董竹君觉得自己就似玩偶,陪着各路客人吃喝玩乐,为他们献唱或者被他们取乐,她忍着泪强笑着,常常唱得嗓子沙哑,累得精疲力尽,却只赚来糊口的钱。而那些有钱人,终日挥霍无度,不管别人的死活,这样天差地别的生活境况每每让董竹君心生愤慨,她度日如年地计数着时日,盼着早点熬满三年脱离苦海。

就是这样小小的幻想,也终破灭了。董竹君从一个知书识礼的孟阿姨那里知道,这青楼根本就是杀人不见血的人间地狱,基本上有进无回,姑娘们就是老妈子的摇钱树,没有谁能逃过卖身的命运。董竹君之所以暂时能只卖唱不卖身,是因为老妈子见她没长成,又想着卖上好价钱而已。董竹君听了,恍然大悟,为自己悲惨的处境心惊不已。

堂子里天天都很热闹,清朝的王孙公子、衙门的老爷,还有富庶的地主、奸滑的商贾……各种各样的男人来来往往,与姑娘们逢场作戏,没个正形。

董竹君越来越无法忍受这样的生活,想到老鸨有一天会逼她卖,她就头大如斗。偏偏这个老鸨还心狠手辣,对不听话的姑娘动辄打骂,污言秽语不堪入耳,而被她数落打压的姑娘,处境更加艰难。

少女董竹君

有尊严地活着，许多时候，竟然是一种奢望。

可是，就算是奢望，董竹君也要心怀梦想，她渴望自由，渴望摆脱穷境，她想自立、想强大，而这一切美好的憧憬，在这乌烟瘴气的青楼里，如那缥缈的歌声，华丽片刻便消散了去，让人无从把握。董竹君如履薄冰、度日如年，与别的姑娘不同，她沉默寡言，尽量与客人拉开距离。

因为年纪小，尚未长成，董竹君还属清倌，给客人们拉拉曲子、唱唱戏就好，老鸨急盼盼地望着她长大成人，好把她当成更大的摇钱树加以榨取，客人们也都虎视眈眈地瞅着她如花苞般日新月异的身体，成长。这本是件让人憧憬的事，在董竹君却是件可怕的事。

该来的，总是要来，躲也躲不过去。

董竹君咬牙坚持着，她想，也许苦难可以暂时地逼迫着柔弱的女子堕入风尘，但若能如莲花般出淤泥而不染，洁身自好，她的灵魂便是清净的。

　　董竹君无法适应青楼里那般醉生梦死的生活,她认真对待自己的每一天,对明天充满希望,她有强大的内心力量,她相信未来的某一天,她可以靠自己的双手和智慧改变窘迫的生活。

　　女人,若有傲骨,或者反而更容易得到幸运之神的青睐。

众里寻他千百度

　　青楼这样的地方,虽然素日热闹着,春去冬来日复一日,没什么不同,可青楼也向来是时闻传播最快的地方,来来往往的客人总会带来外面世界里的消息,让堂子里与世隔绝的姑娘们轻易了解外面的时态。

　　先是鸦片战争后签订了《南京条约》,接着是列强处心积虑瓜分中国,老百姓的生活越发水深火热,然后是清王朝被孙中山推翻了,宣统皇帝退位,民国成立……消息不断传来,别的姑娘听了,当茶前饭后的消遣,可董竹君却听得惊心动魄、热血沸腾。

　　不几天,董竹君又听客人们说孙中山先生辞去了临时大总统职位,让袁世凯当临时大总统,结果袁世凯想当皇帝,还暗杀了革命党领袖之一宋教仁……董竹君认真地听着,发现这些个客人很有些与众不同。

　　他们大都三十左右,个个谈吐不俗,举止优雅,谈起时事又总是慷慨激昂,让董竹君心生好奇,再弹唱的时候,她便十分用心。

　　花样年华的女子,清丽婉转,风情无限,本来就容易惹人注目,董竹君亦不例外。不久,便有几个男人围绕上来,可董竹君懒得理会他们,这是青楼,来这里寻欢作乐的男子,她统统信不过,她想要的男子,必想一世钟情,可不想他背着妇人在堂子里戏耍无度。

过尽千帆皆不是,董竹君巧妙地躲避了前来求爱的男人们,守身如玉地等着自己梦想中的爱人。

夏之时,便在这样的时候,闯进了董竹君的生活。

夏之时有魁梧颀高的身材,有俊朗漂亮的脸孔,他喜欢穿件灰色长袍,外罩黑缎马褂,偶尔也穿洋装,走起路来仪表不凡,大家叫他夏爷。

董竹君最开始注意夏之时,并不是他和别的客人一样喜欢玩笑取乐,而是他别样的沉静,他虽然喜欢来堂子里摆花酒,但总是安静地看着别人凑在一起说说笑笑,也很少叫姑娘来作陪,偶尔会点董竹君的牌子,也不动手动脚,只凝神看着她,听她唱戏,脸上尽是云淡风轻的笑意。四目对接时,董竹君静若平湖的心微微泛起了涟漪,那涟漪一波波荡漾开去,让她惶恐不安起来。

她的惶恐,他看在眼里,笑意自唇畔漾开,春暖花开般明艳,他拉她在身边坐下,文质彬彬地和她说话,一板一眼,从不戏谑。他细细地问过她的姓名、家世,问她为什么来青楼的原因,如知心的兄长般和气可亲。

董竹君一向反感与客人交谈,可面对态度真诚的夏之时,她不由自主放下戒备,对他有问必答。幼年读书的快乐、父亲病重的担忧、窘境难度的辛苦、堕入青楼的绝望……她说,他听。

少女紧闭的心窗,就这样对这个素昧平生的男人敞开了,说到伤心处,董竹君情不自禁落泪,她为自己悲惨的境遇而难过、无奈,却不曾想眼前的男子会带她脱离这样的生活,因为,她和他,只是偶然相遇,做了短暂的倾诉与倾听的对象,她只知道他的名字,除此之外,她几乎对他一无所知。

沉静的男子面色渐渐凝重,看她的目光变得深邃,他没有打断她,一直听她絮絮地说完,间或同情地叹一口气,点点头,那体贴关切的神情,让她感到温暖。

随后,便有人告诉她,这个叫夏之时的男人早年留学日本,回国后加入同盟会,跟着孙中山先生闹革命。武昌起义时,他带兵一昼夜冲到重庆,活捉并杀死了镇守使田征葵,并把田家抄来的几箱金子交银行充公。推翻清政府后,他被任命为四川省副都督,但不久后辞职离开重庆东下,在上海参与策划讨袁"二次革命"。

他是一个爱国志士,心怀报国大志的人。董竹君不由对夏之时刮目相看,再见面,她的心跳便有些急促,而他看她的目光也变得扑朔迷离,他毫不忌讳地给她讲自己的身世、创业史,一如对自己最信任的朋友那般。

孙中山革命推翻了清政府成立民国后,将政权交给了袁世凯,袁世凯接过政权就叛变了。同盟会改组为国民党(1912 年 8 月),发动二次革命讨袁。谁知失败了。袁世凯下通缉令逮捕革命党人,因此我们借堂子掩护,开会商议……

他那般细心,她不问,他便知道她心中的顾虑,这样解释来青楼的原因。

董竹君听了,点点头,心下偷偷欢喜,却也比从前更加恐惧。

堂子里别的像董竹君一样大小的歌女长成了人,都被老鸨当摇钱树逼着卖了身,董竹君不知道厄运什么时候也会降临到自己头上,她希望能为自己喜欢的人守身如玉,而这希望在那恶毒的老鸨那里简直是痴心妄想。

夏之时

可是,少女的身体如增枝长叶的花树,终有一天会开出花来,这一天,董竹君成人了。她没有丝毫的欢喜,只有无尽的恐慌,她怕老鸨知道了,会逼她接客。这种恐慌如影随形地跟着董竹君,让她寝食难安,她想像每个清白自由的女子那样,开开心心地过日子,找个心爱的男人结婚生子,可身在青楼,她是待宰的羔羊,可怕的厄运正向她狞笑,让她惶惶不可终日。

再见到夏之时,心里便怀着丝丝缕缕殷切的渴望,渴望他肯带她离开这里,可那是需要花很大一笔钱的,何况,哪个男人愿意娶青楼里的女子呢?她开不了口,她不敢求他,怕他断然拒绝后,她唯一的希望破灭,她忐忑不安地跟他说话,脸色越发苍白,人也日渐消瘦。

他是细心的,感觉出她的不安,这天,他拉着她的手说:"我是真的喜欢你。"

　　她怦然心动，既然狂喜，她激动地看着他，他深邃的眸子，分明地写着真挚，不带分毫欺骗。他说："我想娶你，想送你去日本读书，你不该待在这里，你该有更美好的人生。"

　　弱水三千，董竹君快被那样的恐慌逼疯的时候，夏之时的表白，如阴霾天空里一道灿烂的阳光，劈开重重雾霭，带给她无尽的希望。她狂喜不已，对夏之时充满感激之情，可是，心底，隐隐的，还是有所顾虑。

　　夏之时，这个男人，比她大 12 岁呢，难道他都没有娶过亲？他对她说的甜言蜜语，会不会和其他客人哄姑娘们开心那样，只是随口说说罢了？

　　也许是幸运降临得太过及时，也太顺心如愿，董竹君几乎不敢相信这一切都是真的，她没有立刻应允夏之时，她犹豫不决，怕他的许诺只是一场虚妄的梦，而她怕这梦过早醒来。

　　揽镜自照，董竹君顾影自怜，那新月般的柳眉之下，是如此清澈明净的眸子，她有一张清丽秀美的脸庞，而在这污秽之地，暂时还从未曾被沾染过。若他真心，她是对得住他的情意，可问题是，他真会为她垂怜？

　　他是一个爱国英雄，是个胸怀大志的革命党人，而且似乎也是个正直无私的人。听说他当年做四川都督的时候，勤务兵余胜在军政府拿了一对搪瓷痰盂到公馆使用，都被他训斥了一顿。再想及他一直以来的体贴呵护，董竹君暗暗心动，如果他没有妻房，她愿意嫁给他。

　　于是，这次，她便小心翼翼地问他。他说："有个太太。"她一听，心便凉了，没想到，他又语气哀伤地说："得了肺痨，快不行了。"

　　怎么会这样呢？董竹君愕然，夏之时叹了口气，凝望着她："她得病已经多年了，现在病危，朋友们都在为我物色适当的人选，可我只爱你一个,你为什么不答应我呢? 你知不知道,和我结了婚,我就可以带你离开这鬼地方。"

　　没错的,她做梦都想离开这鬼地方,可他的妻子就算病危,毕竟还在呢,她默默地点点头,低语一句:"那就等她走了再说吧。"

　　任何病痛中的女人,都不希望自己的丈夫弃旧迎新,将心比心,董竹君不愿做那恶人。夏之时沉吟片刻,握住她的手,并不强求,越发喜欢她的善良与温柔。

　　过了些日子,夏之时行色匆匆地找来了,他把一份报带来给董竹君看,正是他妻子过世的消息。董竹君再没有什么顾虑了,她迎着他热烈的眸子,微微点头……

　　就在董竹君盼着夏之时早日迎娶的日子,天有不测风云,四川军阀陈宦派特务对付四川革命首脑人物,夏之时被迫躲藏于日本租界,袁世凯悬赏 3 万要他项上人头,他的处境十分危急,董竹君担忧不已。

　　担惊受怕的董竹君冒死跑去找夏之时,危难之际,两人再也顾不得客套,夏之时更是真情流露,他一把把她抱在怀里,失声痛哭,倾诉着相思之情。那样的情真意切,让董竹君感动至极,两人匆匆相聚,又匆匆分离,董竹君再也放不下夏之时,她那么想他,想知道他的安危,而夏之时也时时挂念着董竹君。患难见真情,两人的爱情在危机四伏的日子里越发坚定了。

　　这一天,董竹君又偷偷跑去探望夏之时,夏之时正卧病在床,看到她,他喜不自胜。两人在一起规划未来时,夏之时提出用 3 万块钱帮董竹君赎身,让董竹君感动不已。可是,此时的董竹君已经成长为一个心智成熟的姑娘,她对贪得无厌的老鸨恨之入骨,坚决反对夏之时出钱赎她。

　　我又不是一件东西，再说以后我和你做了夫妻，你一旦
不高兴的时候，也许会说："你有什么稀奇呀！你是我拿钱
买来的！"那我是受不了的。所以，我现在无论如何不愿意
你拿钱赎我。大家有做夫妻的感情，彼此愿意才做夫妻，要
不然多难听。

董竹君这样对夏之时说。

这让夏之时深感意外，从前，只听说老鸨和姑娘们串通好了，一
个唱白脸，一个唱红脸，专门敲人竹杠，想不到，他爱上的这一女子，
不但不和老鸨狼狈为奸，反而这般自信自强，心里不由更加欢喜。

两人又把婚后的生活规划了一下，交谈甚欢。董竹君强调：
(一)她不当小老婆；(二)婚后她要去日本留学；(三)他们要组建美满
的家庭。夏之时对董竹君有求必应，为他们即将拥有的未来而欢欣
鼓舞，几乎忘记自己正身处险境。

依依惜别后，董竹君回到了堂子里，她决定机智地脱离苦海，而
夏之时真挚的爱情，无疑给了她希望和力量。

老鸨对看似乖巧的董竹君并无防备，她知道董竹君已经长大成
人，挑了个好价钱，让董竹君接客。董竹君表面应允，暗地里乔装打
扮，悄然从后门溜走了。她找到夏之时，与他连夜离开了上海。

危难之时，董竹君毅然相随，夏之时十分感念，对董竹君万分疼
爱，关怀备至。

与心爱的人在一起，处处是人间仙境。董竹君如脱笼而出的小
鸟，无比快乐自在地与夏之时相依相伴。在逃亡的路上，她与夏之时
结婚，并双双奔赴日本。

两人婚后的生活很甜美。可惜，甜美的日子总是别样短暂。时

日本留学期间董竹君与大女儿国琼留影

值 1915 年袁世凯称帝改年号为"洪宪",由蔡锷、唐继尧、李烈钧等领导组织的护国军发起讨袁征战,"护国战争"爆发,护国军与北洋军激烈对战,夏之时奉命得由日本返川参加讨袁战争。

临行前,夏之时拿出一把手枪交给董竹君,叮嘱她好好读书,并用这把枪防贼自卫。董竹君正感激,不想,夏之时又加了一句:"假如你做了对不起我的事,你也用它……"董竹君听了,只觉又羞又恼,但想到离别在即,她咬牙忍住,没有和他争辩。

他怎么能说出这样的话来呢?

董竹君想想都觉得荒唐。能说出这样的话来,说明他对她不信任,而且,自私残忍。她原本炙热的心一下子凉了半截。偏偏夏之时还不放心,急电将他在上海南洋中学读书的四弟召来日本,说是让他陪董竹君读书,其实是怕董竹君红杏出墙。

或许热恋中的人多少都有些小心眼吧,董竹君虽然对夏之时的做法有些不满,但并未介怀,她还是依依惜别地看着夏之时登上了回国的轮船。

> 夏之时回国后被任命为四川靖国招讨军总司令,转赴川滇黔边境赤水县率军出师。不到一个月,他率兵攻占了川南合江、永川及璧山等县,并在合江设立司令部,将部队扩充为 3000 多人的团部,为北伐做准备。

这些情况大多由在日本的中国留学生串门时带来的,董竹君听他们谈论国家大事,感受留日中学生们组织救国团体的满腔热忱,董竹君对人生也有了新的思考。她祈愿夏之时能平安无事,期待早日完成学业回国,她下定决心,要好好相夫教子,而且,她要创办属于自己的事业。

1917 年秋天,董竹君读完了东京御茶之水女子高等师范学校的全部课程后,预备实习法文,再到法国求学,但夏之时来电报,通知她他父亲病危的消息,让她立刻回国到四川合江老家去尽孝。

董竹君看着,心里十分矛盾,她想继续修学,又不能不听夏之时的话,思来想去,她还是决定马上回国。

丈夫夏之时为国操劳,她要做个贤内助,在精神上支持他,她要和他幸福地生活下去,相伴到老。在苍茫的大海上,董竹君也如平常妇人,惦记着丈夫,憧憬着未来。

然而,前路遥遥,一眼望过去,尽是空茫,谁又知道明天会是怎样呢?

不堪回首忆当年

　　董竹君遵从夫命放弃求学回国后,乘长江轮船到达四川重庆,夏之时派了一位勤务兵和家里的两个丫头来接她。

　　路上,董竹君从丫头们那里得知,夏家是十足的封建大家庭,关系庞杂,难以相处,并听说夏之时的前妻就是被妯娌们活活气出肺病而死的。

　　为了应付那些难缠的妯娌,董竹君决定软硬兼施,她一面准备了许多洋货礼物,一边做好了针锋相对的准备。她不是服软的性子,人不欺我,我不欺人,人若欺我,我必欺人。做好了打算,董竹君和一行人日夜兼程赶去合江县城文昌巷夏家。

　　忙碌了一天应酬夏家的上上下下,到了晚上,夏之时才回到家,小别胜新婚,夫妻恩爱,其乐融融。

　　可是,欢爱之后,两人闲谈时,董竹君发现夏之时的思想及行为与前时已大不相同,他竟然对军阀任意剥削人民、横征暴敛的恶行十分认同,并为自己能拥兵称霸而洋洋自得,也和其他军阀一样向地方人民筹款,自由征收捐税,目无法纪,任意作为,再不似从前那般勤俭、严明、自律。短短一年不见,夏之时这样天翻地覆的变化让董竹君十分惊异,眼前的夏之时,似乎变得陌生了,董竹君隐隐地不安起来。

　　接下来在夏家的生活更让董竹君身心俱疲。婆婆挑剔苛刻,董竹君要处处委曲求全,内心时常忧虑、气愤。可念在夏之时对她还好的份儿上,她宁可自己吃亏也尽力忍让,依然勤劳地操持着家务。每天,她伺候夏之时出外办公后,认真学习缝纫、结绒线、绣花、烧菜洗衣,还要尽心教子侄们读书,帮总管上账,从早到晚,忙个不停。

　　可是,董竹君辛苦的付出并没有得到夏家上下的认可和接纳,婆婆还时常鼓动夏之时纳妾，说董竹君是青楼歌妓出身，太过低贱，夏之时倒没往心里去，但对董竹君却渐渐平淡冷漠，不似从前追求时那般热烈、体贴了。

最让董竹君无法忍受的是，夏之时的"小心眼儿"有增无减，时时为一些莫须有的事和她发脾气。有一次，夏之时高烧卧病在床，董竹君悉心照料，端尿送饭，不辞劳苦。中间有一次她去屋外透透气，和路过的卫兵说了几句话，没想到被夏之时看见了，对她破口大骂，怪她不守妇道。

这样突如其来的侮辱让董竹君义愤填膺，想回敬他，又体贴他正在生病，只好咬牙忍住气。类似这样的事又发生了好几次，董竹君很是烦闷。她感觉到夏之时对她的态度变了，在他的心里，似乎一直不曾忘记她是卖唱姑娘出身，骨子里有些看不起她，他不再懂得信任她、尊重她，而把她看做私有财产一样看着、防着。

即使这样，董竹君还是念着夏之时的好，尽力谦让着他，依旧勤恳地打点家里上上下下的事，让婆婆和难处的妯娌们无可挑剔。

董竹君本想这日子总算熬出头儿了，再不用受婆婆和妯娌们的刁难了，可没想到，婆婆无事生非，要让她和夏之时重新拜堂成亲，说是前时娶亲时她是卖唱姑娘，门不当户不对的，现在要再举行一次婚礼才好。

这叫什么事儿呢？董竹君烦得很，这孩子都生了一个了，再结的什么婚？可夏之时不反对，家里也已经大张旗鼓地张罗开了，她拗不过去，只好顺从。好在拜堂后，家里上上下下似乎不再那般别扭了，各屋有事也常会来找董竹君商量，似从前不愉快的事也少了许多。

可世上不如意之事十有八九，家无内忧，却有了外患。时值1917 年 3 月 18 日，熊克武被任命为川军总司令，主持四川军政。熊军权在握，就决计统一整编川军，令夏之时北上成都议事。

　　夏之时奉命前往，董竹君陪同。没想到，到了成都，夏之时的军队被熊克武缴械，夏之时被免除军职，在成都赋闲。

　　夏之时由高高在上的将军变成了无权无势的闲人，心情自然不好，时常无端向董竹君发火撒气，董竹君很委屈，可设身处地想到丈夫的境遇，她体谅他、忍让他，小心翼翼地陪在他身边……这一晃，又是两年过去了。

　　到了1920年，四川护法运动宣告结束，四川由其他川军各霸一方，各军在各自防区内各自为政，横征暴敛，剥削百姓。四川境内，民不聊生，危机重重。

　　于是，夏之时带着董竹君化装逃离成都，来到城内太平桥法国医院里避难。这时的夏之时，已经不再是从前那个意气风发、满腔爱国抱负的革命党人了，他变得心灰意懒，总是闷闷不乐，闭门不出。慢慢的，夏之时恋上了赌博，他经常装满一提包钞票出去，输得空空地回来。每每输了钱，他就乱发脾气，董竹君深受其苦。为了帮助丈夫改变兴趣、改善情绪，董竹君还特意弄了间书房，可夏之时却把书房当成收集古董的地方，照赌不误。

　　赌博可以扼杀人的理智，让一个善良的人变得歇斯底里。夏之时的赌瘾越来越大，脾气也变得越来越暴躁，对董竹君也越发挑剔，甚至到了不可理喻的地步。董竹君因为忙碌一时没有侍候到位，他就小题大做，破口大骂。诸如衣服洗得不干净，或者是烫得不平，他都要冷嘲热讽……董竹君的心一点点冷了下去，她悲哀地看着自己曾经幸福的婚姻变质、发霉，即使努力改善也已无济于事。

　　人是会变的，如若在婚姻中，一个原本体贴的丈夫变得粗鲁无礼，对妻子绝对是个灾难。贤惠的董竹君已无法阻止夏之时嗜赌成性，无法让他回到壮志凌云的从前，她悲哀地知道，事业上的不得志毁灭了原本可亲可爱的夏之时，而她也成了最可悲的牺牲品。

婚姻至此,若得不到及时的改善,就会像脱轨的列车,滑入黑暗的深渊……

1920年年底,董竹君怀孕快临产了,这已经是她和夏之时第三个孩子了。她挺着大肚子,行动不便,十分笨拙,可她从来没有因此而懈怠,每天仍然为家务操劳着。

那一个夏日的黄昏,阴云密布,眼看就要下雨了,董竹君和丫头们正在收衣服,夏之时派人来叫她去小客厅里打牌。董竹君因为劳累和行动不便,去得稍微晚了些,没想到夏之时一见面就对她声色俱厉地一顿数落,骂到火大,他竟然顺手拿起花架子上面的一个自鸣钟狠狠地砸了过来,幸亏董竹君侧身躲了过去。夏之时见此,还不肯善罢甘休,又要举起花架子摔过来,还好被旁人阻止了。他又拍着桌子叫嚣着让她滚,董竹君气得发晕,转身逃出门去。

外面已经下起了雨,细细的雨丝带着彻骨的寒意,浇湿了脚步蹒跚的董竹君。她终于忍不住泪如雨下,她不明白,她一心一意想要维护的婚姻,为什么会变成这个样子,她从前可敬可爱的丈夫,为什么变得这样冷血和粗暴?她这些天,辛苦打理家务,为他整理衣物,晾晒书籍,她已经是快分娩的人了,他非但不体贴,竟然还这样对待她,他把她看成什么了?

后面有人追上来,董竹君以为是夏之时,可却是一个老佣人。老佣人舍不得她这样委屈,好声好气劝她回去,不管怎么说,她已经是三个孩子的母亲了,而且马上要临产了,她这样子负气跑出来,又能去哪里?那一刻,董竹君心寒如冰,她的丈夫夏之时,她肚子里孩子的父亲夏之时,竟不如一个老佣人疼爱她!

女人最伤心的时候,莫过于身怀六甲却得不到丈夫的体恤,而这个时候,女人往往又是最无助最脆弱的,当下的她,顶着大肚子,已别无去处。为了孩子,她只能忍受满腹委屈,流着泪回去。

夏之时仍然冷言冷语,丝毫没有忏悔之意。在极度抑郁中,董竹君生下了他们的第三个孩子。

产后虚弱,加上精神抑郁,董竹君得了肺病。那时,肺病与现在的癌症一样难以治愈,董竹君绝望极了,她不想把病传染给孩子们,便移居僻静的花园亭子里。整整三个月,夏之时竟然一次都没有前来探望。董竹君有幸熬了过来,病好了,可她的心却是彻底冷透了。

从花园亭子里搬回正屋,夏之时见了她,也是淡淡的,似乎根本不知道自己的妻子曾命悬一线,他只告诉她,他要过生日,让她把事打点好了,弄得喜庆些。董竹君很寒心,他连一句问候都没有,她大病初愈,他不让她好好休养,却只想着为他自己请客庆生,他怎么可以这样自私?

董竹君很难过,可为了夏之时的面子,她没有大吵大闹,还是里里外外张罗了起来。安排酒席,迎送客人,置办新衣,忙得昏天暗地,原本虚弱的身体越发难以支撑了。可夏之时还是没一句感谢安慰的话,此时的董竹君已经连气都懒得生了。

日子就这样不咸不淡地熬着,夏之时还是时常发脾气,董竹君忍忍也还凑合着过,怎么说还有三个孩子,对孩子还是要负责任的。

这一年,女儿夏国琼出痧疹,有生命危险。董竹君心急如焚,腾出一间屋子,消毒后放两张床,把家务完全丢开一边,整整40天昼夜看护女儿。孩子病愈恢复正常,但由于发高烧,喉咙哑了。夏之时不但不关心孩子,还指责董竹君不应该为照顾孩子把其他事情全丢下不管。董竹君忍无可忍,两人为此发生了强烈的争执。

夫妻间的裂隙越来越大,曾经对婚姻种种美好的憧憬,已被无情的现实击得粉碎。董竹君很痛苦,却又下不了决心离开夏之时,因为三个孩子需要父亲，需要一个完整的家，她不能不考虑孩子们的需要。可是，事不由人，1922年春末夏初，董竹君月经断绝，身体疲软，治了七个月也不见好。后经一个有经验的大夫诊断，才知道她又怀孕了，家务劳累、气闷、血亏造成胎气不足，使胎儿不能正常成长，所以身体才出现异常。董竹君虚惊一场，按处方调整，经过艰苦的怀孕过程，平安生下了第四个女儿夏国璋。夏之时见又是个女儿，黑着脸一句好话没有，董竹君又恨又气，又大病了一场。

四女儿夏国璋似乎天生命运多舛，她4岁那年，腰椎患病，导致右腿粗大，需要穿刺抽出脓水，异常痛苦。看着一天天消瘦的女儿，董竹君心如刀绞，可夏之时却对此毫不在意，照样管自己吃喝玩乐。

祸不单行，正在夏国璋病危的时候，另一个女儿国瑛不慎从二楼踏空跌到了楼底堂屋，昏迷了好几个小时。两个孩子同时生命垂危，董竹君吓坏了，带着孩子四处求医；而夏之时不但不管孩子死活，还时常指责董竹君家务做得不好，侍候他不够周到。

董竹君面对这样的夏之时，气得不知怎么办才好，孩子还在病着，她也没心情跟他争吵，她尽心尽力伺候孩子，总算让她们死里逃生。看着痊愈的孩子，董竹君欣慰的同时，只觉得身心俱疲，她从心底里感到自己是那么孤力无助。她的丈夫，已不再是那个可以和她同甘共苦的人……曾经，他们为爱情而在重重危难中相互扶持、相互鼓励，可现在，他看着她日夜操劳却无动于衷——她的心，碎了。

夏之时很固执，他想做的事从来都是对的，他从不认为自己对孩子和妻子有什么亏欠，他变得越来越懒散，什么正事都不想做。除了收集古董字画和赌博外，他还信起了佛教，经常拿着佛珠敲着木鱼打坐念经，把家里的事一骨脑儿交给董竹君去做，一时哪儿做得不够好，他就作威作福，什么难听话都骂得出口。

婚姻是由数不清的琐事组成的，董竹君在夏之时这里，似乎再没了开心的理由。他反对她看书,不管她白天再怎么劳累,他晚上还硬要她陪着熬夜;如果她稍微起床晚了些,他就要喋喋不休地数落……董竹君越来越感觉到,她和夏之时之间的距离已越来越远,她再也无法与夏之时相亲相爱了。

偶尔,董竹君也会想起初恋时节,那时,她青春年少,满心欢喜地爱着他,而他,慷慨激昂,正直无私,对她更是备加呵护,体贴温柔。那美好的过往,如飘浮在蓝天上的云朵,疏散有致,如诗如画,可终是慢慢散去了,被无情的现实化为一片虚无……

覆水难收

董竹君虽然万般失望有委屈,却和大多数女人一样,为了孩子而选择委曲求全。她希望随着年长,夏之时有朝一日会翻然醒悟,不再过醉生梦死的生活,变回有担当、有爱心的他,和她一起同甘共苦,创造幸福的生活。

可是,残酷的现实却不肯放过美好的梦想,总要变着法子把它撕碎毁灭。

因为父母生活艰辛,董竹君把父母接到了家里,以方便照顾他们。可夏之时不但不以女婿之礼相待二老,还时常表现出蔑视的神情,而且动辄辱骂,完全的目无尊长。

有一次,董竹君从外面回来,看到丈夫夏之时在客厅前的树底下指着她父亲大骂不止,父亲唯唯诺诺地缩在树底下,十分窘迫可怜。董竹君一问,原来是夏之时诬赖父亲给他熬熬片烟熬得不足分量,非要说父亲偷了烟土,父亲百口莫辩,委屈得老泪纵横。董竹君看不下去,上前去劝,夏之时非但不听,反而蛮不讲理地指责董竹君和父亲两人联合起来对付他,变本加厉地发作了一通。

不久后,董竹君的母亲丢了一只心爱的金簪子,因为心疼,哭得很伤心。夏之时听见了,不但不安慰,反而火冒三丈地叫人把她母亲给绑起来。董竹君一听,肺都气炸了,立马喝退了下人,好言劝慰母亲。看到母亲想哭又畏惧的目光,身为女儿,董竹君忍不住心酸落泪。她看着熙指气使的夏之时,悲凉地知道,这个男人已经彻底变了,冷血自私、不务正业、无情无义,再也不是当年她喜欢的那个人了。

终于,董竹君想明白了,若自己能和男人一样赚钱养家,那她就不用等着夏之时的施舍,也就不会让父母受他这样的闲气,她就能用自己赚的钱让父母过上好日子。考虑再三,董竹君决定着手创建自己的事业,她聘请了师傅和女工,在正屋后面办起了"富祥女子织袜厂"。当生意有了起色后,董竹君又用赚来的钱在邻街创办了飞鹰黄包车公司,交由她的父母协助经营。

因为管理有方,两个工厂的收入都很不错,董竹君也因此更加忙碌了。而夏之时呢,仍然不务正业,成天赌博。董竹君看不过去,劝他和自己一起多创办些社会事业,不要坐吃山空,可他哪里听得进去,根本舍不得放下官僚架子,又把董竹君臭骂了一顿。

无法沟通是夫妻间最严重的问题,两个人在思想上、行为上背道而驰,不能同心同德地向一个目标努力,这样的婚姻终不能长久。

1927 年大革命失败后,整个中国局势起了根本性的变化,夏之时认定蒋政权已经巩固,三民主义能实现,自己东山再起的机会到了,就计划于 1928 年去江南了解南京政府和其他军政界的情况。董竹君对此很反对,可他一意孤行,只身南下上海。

　　1929 年,四川局势十分紊乱,百业萧条,人心惶惶,董竹君不敢继续经营黄包车公司和袜厂,再考虑到当时的形势对孩子的教育和发展也不利,就决然关闭公司,带孩子们去了上海。

　　临行前,有远见的董竹君为了保险起见,把所有的资金仅留部分生活所需,其余的都购置了田地,然后带着双亲和子女启程。因为儿子大明年仅 3 岁,带在路上多有不便,董竹君就把他暂时留在了四川托人照料。

　　到了上海,董竹君一行出现在夏之时面前时,他一点儿都不高兴,反而责斥董竹君贸然前来。当他知道董竹君关闭了公司,更是火冒三丈,完全不考虑妻儿在四川的安危,只想着公司有钱可赚,倒闭了便是断了财路。董竹君再多解释,他也听不进去。对董竹君作出的其他决定,诸如让孩子们在相对安全的上海读书等,他也全盘反对,理由是女儿长大嫁人是泼出去的水,读书浪费那么多钱不值得。

　　面对不仁不义、自私自利的夏之时,董竹君愤恨难当,多年来积蓄如山的怨怼让她与夏之时针锋相对。她苦口婆心地解释、奉劝,可夏之时不但不接受董竹君的忠告,反而对董竹君横加指责,提出了许多不近情理的苛刻条件,甚至是让董竹君带着老小回四川去。

　　因为反对孩子们在上海读书,夏之时还把气撒在了四个女儿身上。有一天早上,夏之时一时心气不顺,抓着女儿夏国琼的头发就把她拖进了卧室,又打又骂不算,还给她一根绳子和一把剪刀,让她自己选一样去死。

　　董竹君不顾一切地冲进屋里把孩子护在怀里,与夏之时又吵了个天翻地覆。一波未平,一波又起,女儿夏国琼的钢琴教师写给董竹君的信让夏之时半路拦截了,一看是男教师,夏之时顿时大发雷霆,指责董竹君不守妇道。董竹君气极反驳,他竟然大打出手,把董竹君打得青一块紫一块,最后竟然冲进厨房拿起菜刀来,追着

1935年董竹君创办上海锦江川菜馆

董竹君要砍人。

婚姻至此,已山穷水尽。

想及这么多年来自己对家庭的付出,想及夏之时对她种种无情无义的对待,董竹君再也不想忍让,她终于决然提出了离婚。

夏之时怎么也想不到董竹君会提出离婚,在他看来,他是董竹君的救命恩人,董竹君能有今天,全是他的功劳,他没有先不要她,她反而敢先提出离婚,这也太没面子了。为了挽回面子,夏之时对董竹君威逼利诱:

　　……我们已有十四五年夫妻历史了,有了五个孩子,经历了风波患难,这是不容易的啊!你还是快快回头,接受我的意见,赶快回川。我待你一切如旧。我爱你,才这样对待你，你该明白。你如果认为经过这次事后，不便再住成都，搬去合江乡间居住也可以……大观田后面蓉山风景美丽。本来我就想在那里建盖一幢房子，并待儿女们成家出嫁，我们就去那里养老享些清福，多么好。你好好想想吧。

没有哪个女人愿意离婚，但被逼无奈，董竹君心意已决。这个男人现在这般慈眉善目，可转眼间，他就会翻脸无情，非打即骂，让她受尽欺辱。从前，还为孩子抱一丝幻想想与他凑合度日，现在，心冷了，她不愿再相信他，她坚定地看向他，声泪俱下：

我不是贪图物质生活的人！你说的我全知道。多年来，我对你已用尽苦心，委曲求全不知多少次。每次总想纠正你许多不正确的想法，为你的生活起居费心，为你的前途担忧，为金玉其外、败絮其中的整个家庭操心着急，起早睡晚。然而，我已唇焦舌散，心血绞干了，你却无动于衷，怎么也唤不醒你，你已经不是当初我们认识相爱时的夏之时了。你失去了许多宝贵的东西，而增添了许多庸俗的东西。你陷于泥潭中而不自拔，还以为自己的一切言行都是正确的。而我今天所得到的是什么？包括双亲在内，侮辱、诬蔑、殴打、持刀行凶，是贵夫人，还是主人对丫头的刑法？人前夫人长，夫人短，人后就要以对待丫头、童养媳似的"恩主"自居。

不管你是有意识或无意识，你对于我的"爱"不是平等的互爱互敬。在你不高兴的时候或有触动你自以为是的尊严、意志的时候，你还会想到什么夫妻之爱吗？你就居然骂、打，甚至能置我于死地！我坦率地告诉你，我害怕你。

连我的双亲，偌大年纪协助我办黄包车公司，无论寒暑起早睡晚，你从无一句好话，反而受你侮辱、毒骂而害怕你。他二老因无财无势，从不敢和你争论。他老夫妻俩经常为疼我，为你不讲情理乱发脾气而忍气吞声，暗自淌泪！

总之，爱情与友情是不能建筑在"恐惧"和"不平等"的基础上的！如此生活下去，对于我来说没有任何意义可言，也无任何快乐，只有痛苦，无代价的牺牲。我老实告诉你，当我为你而痛苦的时候，总是想到当初家人鄙视我时你支持了我，并且你不像军阀们任意玩弄妇女，不是三妻四妾至少有个姨太太，在这方面，你是一丝不染的，否则，我早已离开你了。但我早就和你谈过，你把事情弄绝了，总有一天你就是给我磕三百个头，我也不会回心转意的。现在这日子已经到了。

这样的哭诉，这样的责问，让董竹君百感交集，心如刀绞，她告诉自己要坚强，不要被夏之时一时的温情所迷惑，他若有爱，就不会在长达 15 年的婚姻中对她毫无体恤，稍有不满非打即骂，爱情需要平等和尊重，她对他的爱，早已消殆尽净。

董竹君铁了心，她坚决不再回头，她知道，一个女人带着四个女儿，离婚独自谋生，在这乱世之中，将是多么艰难的事，可她终不肯屈服，就算回到年幼时那般艰苦也在所不惜，她做好了面对一切困境的准备。

……到楼梯最后几梯时，理智与情感交织着，矛盾着，心跳，头昏，恍恍惚惚猛然双腿软得像棉花一样，咚的一声坐下站不起来了。坐在楼梯上，思前想后，千丝万缕，百感交集,欲哭无泪。猛然转念与其回四川再入火坑,不如追求一线曙光!顶多苦到像双亲和从前那些邻居们似地做小工,当苦力,也得养活家人。或者到工厂去做湖丝阿姐。何况自己受过教育,有文化!必须坚决,必须再次跳出火坑!刹那间如急雷闪电,双腿忽然起立。

这是董竹君后来在自传中的一段描写,那一刻千回百转的犹豫,那一刻破釜沉舟的决绝,她作出了平常女子无法作出的选择——放弃苟且偷生的安逸生活,自食其力谋求新生!

面对态度坚决的董竹君,夏之时恼羞成怒,可他再怎样发作,对于已经不再爱他的董竹君来说,再也构不成伤害了。

一个女人,若还有爱,便有软肋,男人若不懂得珍惜,以爱为借口去伤害,轻易会让女人遍体鳞伤;可若女人已经不爱,便坚硬如铁,男人再想欺辱,只能是枉费精神。退一步海阔天空,而当女人发现退让仍然摆脱不了痛苦的泥沼,她会决然转身挣逃,一个转身,天地迥然,她选择了,从此不愿回头。

董竹君就是这样的女子,宁为玉碎,不为瓦全,她在婚姻中忍过、让过、哭过、劝过,承受了种种,待她意识到这些都不能唤回爱人的良知、获得他的尊重与爱惜时,她就决然离开,纵使他挽留,也绝不拖泥带水。

董竹君决意离婚,夏之时不同意,但同意分居五年,想让董竹君尝尝人间疾苦,回头向他乞怜。可是,他想错了。1934年,五年分居期满,当夏之时胜券在握地来见董竹君时,哪想到董竹君态度依然坚决。

覆水难收。爱亦如是。

（一）分居时候，讲好按月汇贴孩子的生活费用，然而五年来未见分文。孩子父亲是有钱人，不要再像以前那样不汇分文，让孩子们长大成人，只知其母不知有父。（二）天有不测风云，人有旦夕祸福，我若有个意外，请求他念儿女骨肉，夫妻多年情分，继承我的愿望培养她们大学毕业。此外没有别的条件。

离开他就好，别无所求。

不要以为每个女人都是物质的，那些因贪图物质享受而对男人委曲求全的女人，本身就是廉价的。董竹君用实际行动告诉夏之时，她曾经爱他，是爱他的正直热忱，不是爱他良好的家世；她决定离开他，不会拿破碎的婚姻当砝码，从他那里分取财产，她从来都是自立自强的，从来不需要摇尾乞怜，她在精神上是独立而坚强的，他没有任何理由轻贱她！

至此，夏之时后悔了，他落泪了，可是，他再也留不住这个曾为他夙兴夜寐、倾心付出的女人了，他愚蠢地用冷漠、自私伤害了这世上曾对他最忠诚、最挚爱的女人，他痛失了上天赐予他的珍宝，再也得不到她点滴的眷顾！

这一段情，至此，以离婚终结。

事后，夏之时花样百出地折腾，想逼迫董竹君服软认错，不过全都白费心思。董竹君以坚韧的毅力，独自带着孩子们谋生，即便颠沛流离步步维艰，也绝不屈服，她以强大的精神力量和前瞻的经商头脑经营着生活，一次次化险为夷，一次次艰苦创业，几番荣辱、几番跌宕，她用自己坚强、自由、勇敢的足迹谱写出了一段巾帼不让须眉的壮丽人生！

1957年时的董竹君

　　1950年,董竹君将锦江餐馆和锦江茶室迁移扩大为锦江饭店,自己担任董事长兼经理……

　　……我憎恨邪恶,同情弱小,反对压迫剥削,渴望平等自由,不断地追寻人生的价值、意义和真理。我恨人们头脑里的"私心",人类应该换上"公心",同心同德走向世界大同,齐心协力向大自然索取,以谋求人类真正的幸福生活!人间乐园并非蜃楼,我憧憬着人类未来的美好世界,认识到应自我奋发图强。

　　懂得奋发图强的女人，在爱情与婚姻中保持独立人格的女人，是女人中的精品。

　　爱也可以巾帼不让须眉，若是他已经不值得依恋，就如董竹君般决然转身，创造属于自己的精彩，人生苦短，水做的骨肉的女子，原本不必让自己一忍再忍，终生忍辱负重。

一场
艳遇，
一世情长

铿锵玫瑰
小凤仙

乱世艳遇

　　　　九万里南天鹏翼,直上扶摇,怜他忧患余生,萍水相逢
成一梦;十八载北地胭脂,自悲沦落,赢得英雄知己,桃花颜
色亦千秋。

　　这首词含着一个爱情故事,主角便是蔡锷与小凤仙。前半阕
说的是蔡锷胸怀救国大志,与小凤仙在乱世中萍水相逢;后半阕写出
了姿容艳丽的小凤仙虽然身陷风尘,有幸结识蔡锷,并因英雄一世英
名而流芳千古。

　　整首词悲壮而哀婉,沉郁而缠绵,饱含着小凤仙对蔡锷将军的不
舍与思恋。

　　没有蔡锷,小凤仙再美,也不过是乱世中一缕身世悲凉、人生惨
淡的幽魂;而没有小凤仙,蔡锷无法巧妙脱离危险的政治漩涡,全身
而退举兵讨袁。于是,由一场艳遇,蔓展出了一段香艳奇绝、回肠荡
气的情事,如一片旖旎的流云,飘遥在历史的喧嚣之上……

　　那段日子,陕西巷樱桃斜街与往常没什么不同,商铺林立,游客
如流,云吉班里也照常嬉怒笑骂、歌舞升平,外面的乱世到了这烟花
之地,变的也只是狎客,今天还是扎着长辫子穿长衫的清末遗佬儿,
明天摇身一变就成了齐耳短发的中山服。后个便是打了绑腿腰里别
了家伙的大盖帽儿,姑娘们是不必变的,来来往往都是客,只端着生
拉硬扯出来的媚笑迎来送往,把日子平安打发了就好。

　　不过,玩乐必是需要谈资,青楼外面的风声是狎客们谈论最多的
话题,姐妹们听多了,也知道世道变了。

　　先是孙中山领导了辛亥革命,就任了中华民国临时大总统,清政

府派袁世凯率北洋军南下作战。结果孙中山为了南北统一,避免内战,甘愿把大总统的位置让给了袁世凯。但袁世凯难以控制局面,山西有个阎锡山、江苏有个冯国璋、湖北有个段祺瑞、云南有个蔡锷,各据一方,各自为政,国家表面统一,实际四分五裂,到处人心惶惶,国无宁日……

这些事听在耳边,远在天边,与这般风尘女子似乎无关痛痒,不过应景地陪着狎客们长吁短叹几声,关了门,熄了灯,爱谁谁去,天塌了自有高个子顶着。

外面再乱,姑娘们靠着吃饭的本钱苟活于世,管他谁当皇帝谁当总统,云吉班里太平就行。

偏偏一群神女娇娃里有个乖张冷傲的小凤仙,时年 16 岁,长得确是丰肌玉貌、笑颊粲然,又弹得一手好琵琶,玉指轻撩、歌声婉转的时候,的确倾城倾国。只可惜,她似乎总不识时务,硬把这艳帜高悬的青楼当成了不染俗世烟火的琼台玉宇,成天端着一副不怕死的冷脸拒不接客,若被逼得急了,不是掀了桌子,就是踹了凳子,把人赶出来,再咀两口,不管客人红脸绿脸,统统关之门外。

所以,云吉班想太平都难,时常有被拒的狎客火烧连营,指桑骂槐大闹一场。好在云吉班也不是任人随意撒野的地方,那些人一般使使性子骂几句撒撒气也就消停了——反正是来玩的,谁愿意真找不自在? 这个不愿意拉倒,有钱能使鬼推磨,自然有愿意的不是?

不过,那个喜欢惹是生非的小凤仙倒是因此名声在外,身价倍增,也实在出乎众人意料。

据说这个小凤仙出生于官宦之家,父亲是清末武官,因落职后生活无着,家境穷困潦倒,无以为继,只能把她卖了。几经辗转,小凤仙被卖到了青楼,她是个命运多舛、身世凄凉的女子。

多灾多难的遭遇并没把这个小妮子的棱角磨平,反而教她越发

云吉班的小凤仙（右）

清傲冷峻,整天关门摆弄笔墨,遇到乐意的才出来弹两个曲子唱两首歌,若不愿意了,雷打不动,富贵巨贾也不放在眼里。

生逢乱世,朝不保夕,狎客们及时行乐,心胸也似都开阔了,对小凤仙的忤逆,也渐渐见怪不怪,听之任之,一笑了之。

这样,云吉班就夹在这京城有名的烟花柳巷中,日复一日,波澜不惊地混吃混喝,倒也逍遥自在……

那时候没有电脑没有宽带网,信息闭塞,交通不便,艳遇的机率低,云吉班这样的地方,成天乌烟瘴气、虚情假意闹成一团,日子久了,实在让小凤仙烦闷,可又想不出法子逃离,只好把心思都寄托在笔墨上。

这天,小凤仙关着门在屋子里写字,就听见外面一阵喧闹,她懒得理会,不多会儿,老鸨来请,说客人指名叫她献艺。

献艺不卖身,弹个曲儿唱两首还是必需的,她又不能靠喝露水过日子。小凤仙倒收了笔墨,拿了琵琶,准备下楼去。不想,客人推门进来了,神色淡淡地伫在那里望着她。

擅自闯入,招呼也不打一声,小凤仙便有些不高兴,瞪圆杏眼上上下下打量一通,想驱之门外一拒了之。可一见之下,小凤仙就改了主意。

这个人穿着普通商人的衣服,浑身却裹着一团凌厉的威慑之气,高贵而倨傲,虽然面若平湖,但那双深邃的眼睛透着犀利、睿智的神采,整个人站在那里,如松柏般苍劲挺直,让人不敢小觑。

小凤仙阅人无数,来这里花钱买乐的狎客她见得多了,从没见过像眼前这位云淡风轻、从骨子里透着疏离、冷傲的男人,以至于她觉得他站在这里,都显得不合时宜。

两个人就这样静静地打量着对方,片刻,那客人的目光旁落在桌子上的纸砚上,循回在那些蜿蜒的墨迹上。

小凤仙嫣然一笑,她自知很久不曾这般真诚地绽放笑容,莫名的,在看到他的一瞬间,她静冷如死灰般的心骤然春暖花开。她的笑容,便从心底最纯真的角落里释放出来,为这个似从天而降的男人灿烂明媚起来。

她走到客人身边,婉言道:"你也喜欢写字?"

客人不声不吭,冷峻的目光探寻地落在旁边书架上成排的笔墨纸砚上,脸上略显惊诧、赞赏之色。

一般妓女房中是没有这些东西的,小凤仙屋里却染着笔墨的清香,他看出来了,这些笔墨纸砚都是很有讲究的。只是,一个青楼女子,摆弄这些,是不是故意附庸风雅,卖弄风情?

小凤仙见他久久凝视,以为他在挑选笔墨,便说:"桑皮纸宜写书画，黄麻纸宜写经文，马毫劲健，羊毫柔中带刚，松烟墨色乌黑透亮，油烟墨入水而不化，水岩商砚磨墨无声……"她絮絮地介绍着，全然没有觉察客人的目光已转移到她的身上，由先前的不屑变成惊异、赞赏。

他为自己先前的偏见心生惭愧，他看得出，她绝非卖弄风雅，而实在是精通笔墨、兰心慧质的女子。想不到这青楼烟柳之地，还有这样另类的女子，他烦郁的心，又平添了一份慨叹。

随意挑了笔墨，站在桌前，想写写字，舒缓满腹纠结的愁郁，可是，笔意凝滞，良久，他难着一字，杵在那里，如老僧入定一般。

国难当头，民不聊生，他空有满腔报国壮志无法施展，只能待在胭脂堆里荒废时日，心急如焚却无可奈何，他无法静下心来，不知能在那洁白无瑕的宣纸上写些什么。

"先生是非常人物，有缘相聚，何不赠我一联？"小凤仙见状，从旁提醒。

"好。"他点点头，略作沉吟，便挥笔顿挫，一气呵成：

自是佳人多颖悟；从来侠女出风尘。

写完，他题写上款：凤仙女史雅正。下款却空着，犹豫不定。

"上款既蒙署贱名，下款务请署及尊号。"小凤仙心动莫名，看着联下那小小的空白，无端升起许多期待，见他仍然迟疑，她便急了，激将道："你我虽然贵贱悬殊，但彼此混迹京城，你又不是什么朝廷钦犯，大丈夫行事光明磊落，何必隐姓埋名。"

他听了，欣然下笔，题写的竟然是"松坡"两个字。

他竟然是名噪一时、权重一方、美名在外的蔡锷将军！

小凤仙一时愣怔，难以置信地看着他，怪不得他气度不凡、不怒而威,原来是大名鼎鼎的蔡锷。可是,都说蔡锷为人正直,又怎么会跑到云吉班来?她疑惑,便问他。

"是男人总是喜欢热闹些的,何况这里繁华富贵、美女如云。"他淡淡一笑说。

他待她没有真心,口是心非!莫名的,她便委屈起来,着恼地奚落他:"只可惜我这里粗鄙简陋,容不下你!"

他听了,不怒反笑,郁闷的心境竟似舒朗了许多。他放下笔墨,作揖告辞,毫无留恋地跨门而去。

她看着他的背影消失在门口,如来时一样突然匆促,她的心却似被他带走了一般,空寂得让她慌乱无措,后悔不该一时冲动,逐了他去,可他也太不解风情,原是打情骂俏的笑谈,他竟当了真了。

小凤仙回到桌旁,看着他留下的字,但见笔力遒劲,如锥划沙,字字沉实,气蕴贯通,她的心似被搅乱的春水,再也无法平静……

上面的这个版本,一直被评为蔡锷与小凤仙艳遇的最佳杜撰,其中不乏文人墨客一厢情愿的浮想联翩,只差后缀"如有雷同,纯属巧合"了。至于现实版里,小凤仙与蔡锷大帅是一见钟情,还是再见倾心,怕是只有当局者清了。不过,彼时,蔡锷将军身陷险境,为这段艳遇铺陈出足够震撼的背景,却是确有其事的。

当时,袁世凯对南方势力鞭长莫及,怕蔡锷在云南拥兵自重,就以进京议事为由召见蔡锷,蔡锷如果不应召进京,袁世凯势必以此为借口出兵征讨,那样,必将引起内战;如果蔡锷进京,对袁世凯不表明效忠,就等于羊入虎口,难逃牢狱之灾,但如果蔡锷效忠袁世凯,就是为虎作伥,害国害民,天理难容。

在这样左右为难的情况下,蔡锷思来想去,还是决定冒险进京。为了避免袁世凯的怀疑,蔡锷只带了两个贴身警卫和夫人刘侠贞。

　　主张"陶铸国魂强兵、御侮、强国"的蔡锷见到袁世凯,达成"统一国家、停止内乱"等共同意向,他的政治主张也一度被袁世凯认同、赞赏,被袁世凯授予"始威将军"称号,并得以创建军校培养军官的殊荣。

　　可是,蔡锷很快发现袁世凯面善心恶、包藏祸心,对他心怀戒惧,处处提防。而且,袁世凯当了总统还不满足,竟然想再次闭关锁国当皇帝,置国家民族、天下苍生于不顾。

　　蔡锷对袁世凯的所作所为看在眼里,急在心上,无奈他孤身北上,稍有差池,自己和妻子刘侠贞就会性命不保。在这种情况下,蔡锷的老师梁启超给他出了主意:君子俟时而动,小不忍则乱大谋,不妨假装赞成帝制,同流合污,先打进他们的圈子,再设法送走家眷,而后才相机脱身。

　　权衡再三,也只能这样了。于是,蔡锷在众人惊愕的目光中,竟然在云南会馆的将校联谊会上发愿请示袁世凯改行帝制,并率先在请愿书上签上自己的名字,招来一片骂声而面不改色。

　　接下来,蔡锷就越发没了正形,整天跟袁世凯的几个亲信混在一起,在欢场中吃喝玩乐,也似酒肉财色之徒。可逢场作戏容易,假戏真做难,在这烟花柳巷,别人都左拥右抱,如果他洁身自好,这戏就演不下去了。一般的庸脂俗粉蔡锷看不上眼,想找个冰清玉洁的女人地点又不对,蔡锷着实烦恼,好在因缘际会,让他遇到一个小凤仙,这戏似乎不仅能唱下去了,而且蔡锷感觉还能唱出彩儿来。

　　缘分总是奇妙的,天时、地利、人和,缺一不可。

　　因为蔡锷这样的人生际遇,沦落风尘的无名女子小凤仙粉墨登场,与蔡锷以一场看似不经意的艳遇开始,将男女情事融入历史烟云之中……

蔡锷

第一次见了，小凤仙再难忘怀蔡锷，蔡锷也忘不了小凤仙。小凤仙的挂念是因为蔡锷的气场大，十分吸引；蔡锷的惦念是因为此人可用。

初时，蔡锷即使对小凤仙心生好感，也断然不会钟情，他再约她，不是因为惦念，而是为境所迫、身不由己。

这天，那群寄情声色、醉心犬马的袁氏走狗又约蔡锷同行，去的地方也正是云吉班。蔡锷无奈，便点名叫小凤仙来伺候。

小凤仙本以为匆匆一见，这辈子再没机会和蔡锷相遇了，想不到才两天，这人就来了。心里自然是欢喜的，脚步也轻松，迎进屋里，嘴上却不想饶他："你怎么又来了？"

蔡锷也不恼，坐下和小凤仙你一句我一句说话，慢慢培养感情。

一回生，两回熟。从此，蔡锷每次来云吉班，都点名由小凤仙伺候,进了屋,仍然以礼相待,说南道北间,两个人互相有了了解,交情越发深厚。

蔡锷渐渐发现这小凤仙的确不像一般妓女那样目光短浅、饱食终日无所用心,她关心时政,明辨是非,一些针贬时弊的真知灼见,令他也十分欣赏。这样一来,他再跟她相处,便不再有被迫演戏的负累。

小凤仙也越发迷恋蔡锷,他不似一般的狎客,进了屋二话不说直奔主题,他来找她,常只是跟她说说话。这让心灵寂寞的她有了倾诉的机会,童年的坎坷,谋生的辛苦,她细细说与他听,他都静静聆听,目光沉郁,真诚地同情她的处境,不时宽言安慰,这些都让她倾情。

一对原本地位悬殊、天涯远隔的男女,就这样在乱世中因缘际会、萍水相逢,小凤仙的人生,从此也因蔡锷有了新的意义,一如唐代的红拂女与李靖、宋代的梁红玉与韩世忠,成为青楼女子襄助英雄成就伟业的又一佳话。

只是,彼时,小凤仙尚且不知自己对蔡锷的存亡关系重大,单纯的喜欢足以让她对他有求必应,她像每个痴恋的女子一样,把自己的喜乐尽数地寄托在了蔡锷的身上……

至死不渝

单纯的艳遇,特别是在吉云班这样的地方,大家你方唱罢我登场,艳遇大多是一次可有可无的快餐,付钱吃过了,抹抹嘴就走,从此相忘于江湖。

可人毕竟是有感情的,艳遇的经过和结果也便风光各异,有有心人根据艳遇及其后继情况把艳遇分为五类:"草木之遇"、"浪花之遇"、"金玉之遇"、"珍珠之遇"和"钻石之遇"。

其中,"钻石之遇"指的是双方因艳遇而有了感情,随后能相互感应、相互感动,互相牵挂和珍惜,注重心灵上的沟通与精神上的关爱,一生一世都把对方如钻石般珍藏心底。

小凤仙对蔡锷的情意应该划为此类,她从爱上蔡锷的那一刻起,她就视他如生命中的珍宝,为他喜为他忧,愿意陪他一起假戏真做。

这一天,薄暮时分,云吉班里的灯笼却已早早挂起,红艳艳一片煞是好看。

门口招徕生意的伙计正忙活,突然看着一群衣着光鲜的达官贵人朝这边来了,大家仔细一看,杨度、孙毓筠、胡瑛、阮忠恕、夏寿田、蔡锷,都是北京城里顶尖的政界名流,云吉班人气爆涨,一片欢腾。

众人落座,蔡锷拥着小凤仙,与一众政客交杯换盏,嬉笑取乐,一直闹到半夜才散场。

小凤仙扶着蔡锷进了屋,你有情我有意,接下来也就顺理成章了,红绡帐暖,春宵一度……

"享受每一天!"《泰坦尼克号》里的杰克是这样鼓励富家女露丝告别忧郁的,他带她放纵、带她做她平时不敢做的事,他原本与她的生活格格不入,却那般丝丝入扣地体会着她的欢喜与悲愁。他用生命爱她,在生命之舟沉没大海的瞬间,他把生的希望留给她,微笑着嘱咐她好好活着……

小凤仙便似杰克的女版原型,她倾尽所能给蔡锷以欢愉,在他为国事殚精竭虑的时候,带他经历他所不曾涉及的生活,在短暂的放纵里寻求生的希望。而蔡锷,也如昔日南唐名宦韩熙载,为避免南唐后主李煜的猜疑,日日声色犬马、夜夜欢宴宏开,韬光养晦,以图后事。

自此,蔡锷似乎就迷上了小凤仙,天天腻在云吉班,与小凤仙形影不离,一副乐不思蜀、玩人丧德、玩物丧志的派头。

小凤仙也越发妖媚善舞,时常在众目睽睽之下,与蔡锷眉来眼去、打情骂俏,玩闹得昏天暗地。

蔡锷日日尽兴,越发离不开小凤仙了,竟然索性搬到小凤仙屋里,把小凤仙这儿当家了。两个人以夫妻相称,出双入对,如入无人之境,毫不避讳外界如何议论。

这样不多几天,蔡锷似乎仍不满足,正儿八经跟鸨母提起亲来,说要娶了小凤仙。光说不算,他竟然托人购买了一所新宅,大兴土木粉饰一新,说要给小凤仙赎身金屋藏娇。一时间,整个北京城哗声四起,街头巷尾流言纷起。

这动静闹得这么大,袁世凯想不知道都难。袁世凯挺高兴,他就怕蔡锷专心政务威胁他的地位,现在看来,这个蔡锷也像是个酒色之徒,大可不必小心提防。不过,袁世凯也不是个省油的灯,他疑心蔡锷是逢场作戏掩人耳目,仍然派人监视着蔡锷的一举一动。

蔡锷的老婆刘侠贞也听说蔡锷迷上了小凤仙,而且迷得神魂颠倒,要把这个狐狸精娶到家里来了,顿时气得火冒三丈,急急找去云吉班。不想,给她抓了个正着,小凤仙正腻在蔡锷怀里,分不清东南西北。

见老婆来了,蔡锷不为所动,只把小凤仙揽到身后去,冷眼看着刘侠贞,毫无半分愧色。

刘侠贞气坏了,压着性子苦口婆心地劝,可蔡锷似乎铁了心了,半个字听不进去不说,还当着刘侠贞的面和小凤仙卿卿我我,赞美小凤仙是"凤毛麟角"、"仙露明珠",意思是他心里只有小凤仙了,其他人都无关痛痒了。刘侠贞一听就气炸了,指着蔡锷和小凤仙骂开了,骂得要多难听就有多难听。

蔡锷可不是怕老婆的人，当即对着刘侠贞拳打脚踢，呵护着受惊的小凤仙，全然不念结发之情。

这件事自然被袁世凯的狗腿子看到了，上报袁世凯，袁世凯一听就乐了："看来，蔡松坡不过是个庸才，连家都管不好，还治什么国啊！"自此，他对蔡锷的戒心就少了很多。

小凤仙陪蔡锷假戏真做，越发投入了。

这天，刘侠贞又吵上门来，跟小凤仙吵上了。蔡锷的态度恶劣地冲上前去，一把把刘侠贞推倒在地上，恶狠狠地说："我就是喜欢小凤仙，谁拦也没有用！我还要把她娶到家里去！你爱留就留，爱滚就滚！"

刘侠贞哪受得了这种气，哭天抹泪地说："既然这样，我回湖南老家，让你们称心如意吧！"

接下来，刘侠贞以被丈夫抛弃的名义，顺理成章地离开北京，安全脱身。

蔡锷着实松了一口气，接下来，他就和小凤仙计划，怎样让他脱离袁世凯的控制。

小凤仙知道，蔡锷对她是真诚的，他把自己的危难如实相告，正因为这样，她相信他、敬佩他，更要紧的，她已深爱他，为了心爱的人做任何事，她都会尽心尽力。何况，蔡锷心系国家安危，这段日子，成天跟她厮混在一起，实在是逼不得已，就算他对她动了真心，他也不可能和她长相厮守，她对他有再多的爱，也留不住他的人。

义无反顾地帮助心爱的人脱离险境，去做他想做的事，这是每个真爱中的女人会为心上人做的事，小凤仙也不例外。

就在小凤仙和蔡锷暗中计划怎样帮蔡锷离京时，袁世凯登基的准备工作正全面进行。袁世凯定于1916年元旦登基，年号定为"洪宪"，并派兵打入紫禁城，逼迫溥仪取消帝号。

国家危难,时机紧迫,蔡锷不能再等了,小凤仙深明大义,按计划协助蔡锷成功离京。

宛如一场戏剧,前面的种种都是铺垫,高潮部分如浪叠起,终是声势浩大迎风而起。只是,声势浩大的是心跳,是暗流涌动,表面上,却是风平浪静,不为人知的。

这一天,云吉班里一个姐妹过生日,相好的狎客纷纷来捧场,醋是不必吃的,既然是大锅饭,兄弟们在一起不争不抢,有富共享,交杯换盏,乐在其中。姐妹们自然也不能闲着,帮着张罗着收礼物、招呼客人,各就各位各唱各戏,整个云吉班欢声四起、热闹非凡。

这样的热闹,自然少不了小凤仙和蔡锷的份子,两个人依旧和和美美地腻在一起,你来我往把酒言欢。

潜伏在人群中负责监视蔡锷的人看见这等情形,也都放松了警惕,更有娇艳的女人过来拉扯,便耐不住扎堆儿乐去了。

小凤仙拉了蔡锷进屋去,故意把窗户打开,把蔡锷的衣帽挂在衣架子上,外人看了,以为蔡锷如往常般在小凤仙屋里腻着呢。蔡锷趁机乔装改扮,在小凤仙的帮助和掩护下,由后门离开,出了陕西巷,坐上雇用的马车,直奔前门火车站。

一路上,小凤仙始终陪在蔡锷身边,蔡锷一直紧紧握着她的手,自始没有放开,两个人沉默着,在黑暗的夜色的掩护下,行色匆匆。万籁俱寂,只有深邃天幕中的星斗,闪烁着璀璨的光芒俯视着沧桑的尘世间。小凤仙的心紧张地跳荡着,手心里传来他的温度,在这寒夜中,如此温暖,她看着他坚毅的脸庞,一遍遍把他烙印在心底,离别在即,她万般不舍,却只能放手。

终于到了挥泪告别的时刻,小凤仙与蔡锷依依惜别,看着远去的列车,小凤仙忍不住泪雨滂沱。

手心还留着他的温度，心里还留着他的温存，萍水相逢一梦间，梦醒了，人影不见，只留依稀梦境，恍惚尘世间，只望，君心似我心，不负相思意……

蔡锷能顺利逃脱险境，小凤仙功不可没。

爱到至死不渝，小凤仙决定帮助蔡锷的那一刻，就已将生死置之度外。她知道，她送走了蔡锷，很可能今生再也无缘相见，可她还是愿意成全他，哪怕她就此惹祸上身，哪怕她一生都在等待与回忆中苦苦煎熬，她也无怨无悔。

蔡锷逃离北京后，辗转回到云南，立刻竖起讨袁大旗，奋起护国，与袁世凯拼死一战，致使袁世凯登基两个多月就绝望而死。

袁世凯死后，黎元洪代理总统，蔡锷为四川都督。彼时，他身患重病。

这期间，小凤仙望眼欲穿，等着蔡锷功成归来，带她离开云吉班。她坚信蔡锷不是言而无信的人，她相信只要蔡锷活着，早晚有一天他会来接她。

痴痴盼了几个月，小凤仙总算等来了蔡锷的信。看过，小凤仙的心悬了起来。信中，蔡锷说他得了重病，政务、军务又十分紧急，等把事情安置了，就带她一起到日本去就医。

小凤仙心急如焚，朝思暮想，日夜盼望，没想到，再等来的，却已经是蔡锷在日本不治而亡的噩耗。

蔡锷死于 1916 年 11 月 8 日凌晨，年仅 34 岁。小凤仙惊闻噩耗，痛不欲生，她没想到，匆匆一别，竟是永诀，她的千种柔情、万种期冀，都随着蔡锷的离世而枯萎。

在蔡锷的追悼会上，小凤仙一身缟素前来拜奠，得到蔡家上下的敬重和礼待。

不幸周郎竟短命，

早知李靖是英雄。

"今世知音来生续缘松坡先生小别"，至此，一段由艳遇引发的情事就此作结，小凤仙如做了一场瑰丽的梦，当她冒死护送蔡锷出京，她和他的缘分，就如相聚时，匆匆而过，所有的甜蜜、所有的恩情、所有的承诺，都已经随风飘摇而去，伴着蔡锷的离世，化成她生命里最珍贵的回忆。

心爱的人离去了，小凤仙再也不愿意待在云吉班里，物是人非，那里有她太多无法言说的痛，她悄然离开，自此隐姓埋名，找了一个貌似蔡锷的凡夫俗子，在人间烟火中平静度日……

一场艳遇，一世情长，他在她心里，是永远不会褪色的烙印，生生世世，死而后已……

后记 · 爱过知情重

海上繁花落,蓦然回首,已是百年风过。

多情余恨的陆小曼、人生圆满的林徽因、昙花一现的阮玲玉、将错就错的张爱玲……一众曾锦绣如花的女子嫣然走过,在爱与恨的浮生中尝尽人间苦乐,将如梦的浮生浸在辗转的情事中,深深浅浅地印在尘封的岁月里,印在我们的心里……

这世上,没有相同的两片叶子,亦没有相同的两个女子,更没有相同的两段爱情或婚姻,最多,只是相似,或者是在相似中寻找一丝缘源,去求证握在手心里的情事,值不值得用心去呵护成永恒的风景。

永恒的,永远不是生命,不是离合爱恨,是封印在流光里的那一个梦想——追求真爱,拥有真爱。

每个女子,似乎都为这梦想而生,如花儿迎着阳光开放,怒放出生命最炽热的力量。

然后,是漫漫地等待。

梦想因等待而变得更加瑰丽,在那个有缘人到来之前,女人们已在心中把他构想了千万遍,以至于他早已成为梦想的一部分,欣欣然撩动着她尚不染纤尘的生命。

于是,每个女人,都那般激情洋溢地投入爱情,为梦想而献上深情的凝视、温柔的絮语、芬芳的香吻,那个人,也总在爱之初浓情如蜜,拥着她,说贴心的情话,让她误以为,爱情可以这样地久天长。

　　可是,陆小曼与徐志摩终是阴阳两隔,张爱玲对胡兰成心灰意冷,孟小冬与梅兰芳死生不复相见……善终的,似乎只有左右逢源的林徽因和生死相许的赵一荻。

　　爱情如此善变,如此易逝,而女人如花的生命,难以常开不败,情事春秋,又总占据着最美好的芳年,若仓促中错付柔情,将痛及一生。

　　只是,那样的年代,爱情也常是不能自主的事,时局动荡,残酷的现实逼迫出更多的生离死别,想要坚守一份爱,呵求一份安稳、幸福的婚姻,是一种奢望。

　　而我们,有幸生活在和平年代,爱情与婚姻可以完全由我们自己作主,借鉴她们的爱,完善自己的人生,做智慧、从容、幸福的女人,是这些民国女子隔着沧海桑田赠予我们的厚望。

　　爱过知情重。

　　可是,爱情那么多样多变,如何抓得住那最美最绚丽的一朵,把它放在婚姻里,经受琐碎生活的打磨仍然不会萎谢,日久恒新?

　　罗兰说过:"当你真爱一个人的时候,你就会忘记自己的苦乐得失,而只是关心对方的苦乐得失。"

　　这样高尚圣洁的爱,如天使遗失在这凡尘俗世里的珍宝,只有心地纯净的人才能拥有。

　　问题是,即使拥有了这样的爱或者付出了这样的爱,仍然会犯下爱的错,张爱玲爱得算彻底吧,低到尘埃仍然满心欢喜地开出花来,可张爱玲的爱就是错,不认错也是错。

　　如此,爱情便如包装精美的物件,需要使用才知道功能是否齐全。可爱情到底不是物质,它虚无缥缈,只可意会不可言传,更多的时候,它披着华美而浪漫的外衣,让人雾里看花,越看越美,难以明辨。就如同阮玲玉当初爱上纨绔子弟张达民,轰轰烈烈的开始换不来圆满的结局,昔日的海誓山盟都变成剜心的利刃,以致生命不堪承重,举步维艰……

于是,一份感情摆在面前,是去拥有,还是舍却,成了一道难题,而这道难题,横亘在每个女子的面前,是人生中必不可少也必须面对的,只有智慧的开解,才会获得幸福和圆满。

还记得那个《前世姻缘》的故事吗?

从前有个书生,和未婚妻约好在某天某日结婚。到那一天,未婚妻却嫁给了别人。

书生受此打击,一病不起。这时,路过一游方僧人,从怀里摸出一面镜子给书生看。书生看到茫茫大海,一名遇害的女子一丝不挂地躺在海滩上。第一个人路过,看了一眼,摇头叹息了一声,走了;第二个人路过,把自己的衣服脱下来盖在女人身上,走了;第三个人路过,停下来挖了个坑,小心地把女人的尸体掩埋了。

僧人解释说:"那具海滩上的女尸,就是你未婚妻的前世。你是第二个路过的人,曾给她盖过衣服,她今生与你相恋,只为还你一个情。但是她最终要报答一生一世的人,是那个把她掩埋的人,那个人就是她现在的丈夫。"

书生若有所悟,不再沮丧。

那么,就静心听听自己的心声,然后稍微离远一点,好好看清那个人,是否是你寻找的爱人——真正的爱人,是愿意设身处地体谅、呵护你的人,是愿意始终坚定地握着你的手,与你一起面对风霜雪雨的人,无论世事如何变幻,仍然不离不弃。

　　我们要等的,就是这样一个人,让我们安心伸过手去,与他相握。

　　而且,记住,我们在梦想爱、追寻爱之前,亦要懂得,爱情亦难以十全十美,应该说,它是心理的,而不是物质的,即使它离不开物质,但绝对不依赖于物质。真正的爱情,正如赵一荻与张学良那样生死相许,超越一切,凌驾一切,相互信任、关爱,别无所求。

　　爱情也需要珍惜和感恩,真正的爱能激发你内心的力量,让你在更懂得珍爱自己、疼爱对方,以感恩之心、以来不及的爱善待相守的分分秒秒,少抱怨,多行动,让爱情变成彼此欢愉的理由。若痛苦大于快乐,就决绝离开,因为那样的感情已经不是上帝的馈赠,而是魔鬼的阴谋,舍弃了,才能重新拥有心灵的自由。

　　还有,爱情需要坚守,在平凡的日子里相濡以沫是世上最温暖、最浪漫的事,与相爱的人心相连、手相牵,甘苦与共,笑迎未来,外来的诱惑再多再美,也当清风过耳,什么事都不会让彼此分开,这样才会赢得爱神的青睐。

　　最后,爱情亦需要革新升华,给对方留有足够空间时间,尊重对方的喜恶,努力找到两个人合拍的最佳状态,然后多留时间给自己开阔眼界、修养身心,让自己自信而独立,让爱你的人永远为你而骄傲,永远不为离开的人自伤自怜,相信灿烂、健康的你一定会拥有同样美好的爱人。

　　当我们做好了这样的准备,让爱情超越功利,为爱情而焕发生命的光彩,与心爱的人携手共进,让奉献、忠诚、坚韧、恒久、安靠永远伴随爱情同行,心心相依,灵魂交融,合而为一,那样,我们就有足够的理由幸福,真的。

图书在版编目（CIP）数据

海上繁花落：民国女子的爱与婚姻／一翎著. —
杭州：浙江大学出版社，2013.1
ISBN 978-7-308-10701-3

Ⅰ．①海… Ⅱ．①一… Ⅲ．①女性－生平事迹－中国
－民国 Ⅳ．①K828.5

中国版本图书馆 CIP 数据核字（2012）第 236515 号

海上繁花落：民国女子的爱与婚姻

一　翎 著

责任编辑	葛玉丹
装帧设计	项梦怡
出版发行	浙江大学出版社
	（杭州市天自山路 148 号　邮政编码 310007）
	（网址：http://www.zjupress.com）
排　　版	杭州中大图文设计有限公司
印　　刷	杭州杭新印务有限公司
开　　本	640mm×960mm　1/16
印　　张	18
字　　数	220 千
版 印 次	2013 年 1 月第 1 版　2013 年 1 月第 1 次印刷
书　　号	ISBN 978-7-308-10701-3
定　　价	29.80 元